novum pro

AF003931

Nathalie Verena Rauscher

# Wüste

novum pro

Bibliografische Information
der Deutschen Nationalbibliothek:

Die Deutsche Nationalbibliothek
verzeichnet diese Publikation in der
Deutschen Nationalbibliografie.
Detaillierte bibliografische Daten
sind im Internet über
http://www.d-nb.de abrufbar.

Alle Rechte der Verbreitung, auch
durch Film, Funk und Fernsehen, fotomechanische Wiedergabe, Tonträger, elektronische
Datenträger und auszugsweisen
Nachdruck, sind vorbehalten.

© 2009 novum publishing gmbh

ISBN 978-3-85022-834-3
Lektorat: Mag. Sandra Jusinger
Innenabbildungen: Nathalie Verena Rauscher
Gedruckt in der Europäischen Union
auf umweltfreundlichem, chlor- und
säurefrei gebleichtem Papier.

www.novumpro.com

AUSTRIA · GERMANY · SWITZERLAND · HUNGARY

Dieses Buch widme ich
folgenden Personen:

Hilde und Konrad Stopper,
ohne deren Hilfe
meine Bücher nicht möglich wären;

dem geringen Teil meiner restlichen Familie
zu dem ich REGELMÄSSIGEN Kontakt habe;
all meinen wenigen guten Freundinnen;
あがめ bzw. アガメ - falls das eine Person ist;
Adrian M.;
und last but not least natürlich
dem novum Verlag,
nicht zuletzt für das Vertrauen
in mich und mein Werk.


どうも有難うございます！

„HOMO HOMINI LUPUS"
*THOMAS HOBBES nach PLAUTUS*

„My first thought was, he lied in every word,
That hoary cripple, with malicious eye
Askance to watch the working of his lie
…"
*ROBERT BROWNING*

„…
La pierre au doux visages, levant ses yeux étoiles,
Guette l'âme seulette qui va au travers des cieux
Son enivrant périple – rêve inachevé des dieux!
…"
*ELEND*

# *Vorwort* 前書き

*Vorkommende Menschen, Tiere, Städte, Zustände, Geschehen, usw. sind zum Teil frei erfunden. Ähnlichkeiten mit tatsächlich Existierendem sind durchaus möglich und auch manchmal beabsichtigt. Autobiographische Elemente gibt es ebenfalls, aber das Lyrische-Ich ist auch dieses Mal nicht zwangsläufig dem Autorinnen-Ich gleichzusetzen. Literatur ist die Mischung aus dem was wir als Realität bezeichnen und Fiktion. Meine Texte sind keine Gedichte.*

Die Sprache ist wüst. Sie ist es immer. Das darf man nicht aus den Sinnen verlieren. Die Wüste wächst. Sie ist Sprache und das Leben: heiß, stickig, grell, ein Tod. Die Sprache verdurstet wie das Leben in ihr. Es lässt sie verdursten – eiskalt.

Auswege gibt es nicht, nur stumme Vernetzungen und Netze. Das Leben fällt, Sprache fängt nicht, hält nicht zurück. Man fällt in Leere, in eine von vielen. Die stummen Netze waren nur laute Versprechen.

Sprache wird zweckentfremdet, auch Leben. Verwüstung setzt ein. Diese Augenblicke gehören mumifiziert, photographiert und ausgestellt. Auch als Warnung, Sirene, nicht zuletzt vor sich selbst.

Suche das Meer und tauche wie ein Perlentaucher. Aber ertrinke nicht wie so viele vor dir. Tauch nach der Perle der Wüste, finde sie, sie ist noch nicht gefunden, liegt noch verborgen am Grund der gelben Öde.

Mumifizierte Zungen, versteinerte Finger, getrocknete Augen. Es gibt keinen Fluchtweg, nur Flucht; vielleicht in eine Leere, eine von vielen. Reden ist Teil der Lüge und Augen können beißen.

Vor den Schrecken flüchten ist feig. Jeder lebt einen Albtraum. Sprache kommt unter anderem aus dem Innersten, aus einer von vielen Wüsten oder Meeren. Trockenes Gewäsch: Staub, Eis, Lepra. Gesprochen mit aussätziger Zunge, das verdrehte Bitt-Gesuch. Alles zerfällt, nicht nur Körper. Dann Regen ... Säure-Regen einer toten Welt. Verwüstet von Wesen verschiedenster Art. Leben in Hitze. Sterben in Hitze.

Willkommen im Schmerz. Willkommen in einer Wüste

# beginn 初め

eine moderne mythologie zu schreiben kann nicht der sinn sein ebenso der offenbarungen wurde zur genüge genüge getan es geht auch nicht um visionen wie sie swedenborg empfing es ist ein unrund laufendes rad ein prozess einer geburt also auch etwas schmerzhaftes mit komplikationen behaftetes unleichtes vielleicht behaftetes geht es um eine moderne mystik und um prophezeiungen schmerzhaftes

EINER ZWEIER DREIER und VIERER besteigen das innere eines berges der berg ist ein ei ein rotes wie eine mauer oben angekommen zerschmettern sie die schale und betrinken sich mithilfe des eiweißes und des eigelbs aus der schale formen sie sich nutzlose bedeckungen für ihre dreckigen visagen und ihre verklebt schmutzigen stinkenden körper ansonsten sind sie nackig und bleiben es bis zu ihrem untergang welcher noch früh wäre aber kommen wird weil kommen muss schamlos fast freudig

b und h entspringen mehreren orten und unorten zugleich an dieser stelle könnten sie wie vogeldreck vom himmel fallen dort drüben könnten sie wie unkraut aus der erde wachsen sie könnten künstler sein ohne stil und ohne richtung wie es sie zuhauf gibt mögen sie dabei spaß haben in diesen ihren eigenen welten von ihnen selbst teilweise nur für sich selbst erschaffen diese traum und spaß welten wo nur sie allein ihre eigenen götzen sind und darstellen angebetet nicht nur von sich selbst nicht wenige werfen sich ihnen nur allzu gerne zum fraß vor in todessehnsucht für ihren geist und verstand sie könnten auch wie faule früchte auf bäumen wachsen und sehr sehr tief fallen

A B C und D die hier nicht überhaupt nicht existieren und hergehören aber in einer anderen realität sind aus einer anderen realität her beobachtet her gehört existieren aber nur dort und nicht auch anderswo also nicht zuletzt auch nicht in dieser realität sie werfen trotzdem immer und überall hin ihre geächteten unbändigen rast und ruhelosen schatten
    der mensch hätte es oft verdient wie ein tier behandelt zu werden

# Teil 1

# *Urlaub* 2004

Ich schlendere die Via Corso Europa entlang
Mit meiner Freundin Hand in Hand
Im angenehmen September
Sie ist wie immer sehr belebt
Plötzlich unweit vor uns
Auf der Piazza Fontana
Tanzen alle Menschen fröhlich
Und ausgelassen
Ich höre die magische Melodie
Zu der sie singen
Es ist die Musik von L. R.

„People dancing all in the street
See the rhythm all in their feet
Life is good wild and sweet
Let the music play on
(play on, play on)
Feel it in your heart
And feel it in your soul
Let the music take control
We're going to party
Liming, fiesta, forever
Come on and sing my song!"

Es fährt sofort
Auch in unsere Füße
Die melodische Magie
Die ganze Stadt tanzt
Genießt die freie Zeit
Die Stadt tanzt
Eng umschlungen
Wie wir zwei Mädchen
Mit allen Menschen in ihr
Alles freut sich herum
Wie lebenslustige Kinder
Die ebenso tanzen wie alle
Leider nur wenige Tage im Jahr

# Bildnis 1806–1906

Wirre Linien
Das Anziehende
Rechts im Vordergrund
Der Hintergrund
Die Sonne und
Ihre Strahlen
Sie krönen das
Firmament zum Schrein
Des Liebespaares
Das dort steht
Rechts vorne und
Sich davon weihen lässt
Eine Taufe der Helligkeit
Eine Dryade versteckt sich links vorne
Und ein Tropfen Blut
Auf dem Taschentuch
Vor dem verborgenen Kloster
Irre Linien

Du musst loslassen
Sagt D. S. und
Winke mit dem Taschentuch

Wirre Linien
Rechts das Liebespaar
Sie zeigt ihr etwas
Sie deutet auf etwas das

Verträumte Kloster steht schon lange
Leer die Mönche und Schwestern
Sind schon lange geflohen
Sie flohen diesen Ort

Irre Linien
Auf einer Seite
Eine antike Skulptur
Eine Chimäre
Sie bewacht etwas
Sie lässt nicht los
Trauer Schuld Schmerz
Umgeben sie
Verlust ist ihre Vergangenheit
Ihr Leid heißt Verlust
Denn sie kann nicht loslassen
Sie steht verkrustet vor dem Kloster
Das sie aber nicht bewacht
Wie das Kloster selbst
Also was bewacht sie
Und längst verlassen
Irre Linien
Und die Sonnen
Wirre Linien
Und ein Liebespärchen
Zwei Mädchen

Erinnerung geht verloren
Entschwebt als Taifun
Mitsamt dem blutigen Taschentuch
Es ähnelt einem Winken
Er zeigt es ihr
Die Chimäre regt sich
Das Kloster blutet
Sie blickt weg

Ein neues Taschentuch
Und die Chimäre stirbt
Sie gehorcht D. S.
Die Linien verschwimmen
Eine Sonne zerrinnt
Das Liebespaar betritt das Kloster
Und kam nie wieder hervor

## M.-Reprise zeitlos

Ihre Hand zärtlich in meinem Genick
Ein Blick ein Lächeln
Die Reise gen Süden
Es geht in eine Stadt
In eine ungeliebte
Hässliche stickige
„Sine Wave"
Berge werden zu Hügeln
Hinter dem Fluss fährt ein Zug
Sein Name ist Bahnwärter Thiel
Stumpfes dumpfes Winterlicht
Wintersonne Winterwolken
Die Stadt nähert sich
„Take me somewhere nice"
Es schneit ganz leicht
Ich trage ein Winterkleidchen
Meine Hand auf dem Schaltknüppel
Ihre Hand auf meiner
Ein kleiner Seitenblick
Ein kleines Seitenlächeln
„O I sleep"
Zweisamer Ausflug
Vorweihnachtszeit
Scheinend Punsch Beleuchtung
Man berührt sich und
Will nicht mehr loslassen jedoch
Die Sonne geht früh unter

„Dial: revenge"
Die vielleicht schönste Zeit des Jahres
Romantik Zimt Melancholie
In der Luft
Einkaufs und andere Räusche
In der Stadt
Lachende Gesichter und weinende
„You don't know Jesus"
In dem alten roten Mazda
Als ich noch fuhr
Und sie noch neben mir saß
Ein plötzlicher Augenblick
Leuchten in dem Moment
Flatternde Gefühle in den Augen
„Robot chant"
Auf der CD
Die sie mir geschenkt hat
Zu Weihnachten[1]
Und später die Stadt in Frankreich
Gemeinsamer Liebesurlaub
Von uns zwei Mädchen
„2 rights make 1"
Zuvor damals noch die
Hässliche Landeshauptstadt
Und meine Hand auf dem Lenkrad
Wir fühlen die Musik
Und uns
Alles kitzelt und überall kribbelts
„Secret pint"
Wir parken im Stadtpark
Die stickigsten Hörsäle sind nicht fern

---

[1] Die Lüge? War es zum ersten gemeinsamen Geburtstag im folgenden Mai?

Vielerlei Gefühle um unsere Herzen
Unsere Körper sind voll von ihnen
Wärme und Feuchtigkeit im Schoß
Die vorletzte gemeinsame Heimfahrt

# Staffel 1981

Ein Junge in einem gelben Regenmantel
Ein Mädchen in einem ähnlichen
Auf einem Schrottplatz
Gürtel um den Bauch
Schmale Zuggeleise kreuzen sich
Auf ihnen steht eine Art Fahrzeug

Manchmal wird die Sonne
Riesengroß und rot
Dann regnet es Plättchen
Vom Himmel die
In die Gürtel gehören

Bedrückend und dunkel
Sehe ich den Platz vor mir
Diesen scheinheiligen Schrottplatz
Der Alpträume in mir entfachte
Und bis heute mit
Meinen Erinnerungen spielt

Bruder und Schwester
Von weit her
Kein guter Besuch
Oder nur eine Täuschung
In der Kindheit

Das Bild ist dunkel
Wo versteckt sich die Zeitmaschine

# Kopfgeburt

Der Glaskopf trägt den Hut
Stoisch unberührt wie eine Krone
Er trägt keine Schuld daran
Er trägt es sie ihn in seinem Wesen
Für lange Zeiten
Vor langen Jahren

Abgestandenes Wasser
Eine Spur davon
Auf dem Asphalt
Schneckenhaft
Dunkle Tropfen auf dem Gehsteig
Am Morgen
Wie eine Schleimspur
Der ich folge

Das Wasser im Glas
Schmeckt noch nach Dir
Meine Finger
Riechen noch nach Dir
Kannst Du Dich erinnern
Weißt Du noch als wir
Gemeinsame Gläser benutzten
Von gemeinsamen Tellern aßen
Noch eine gemeinsame Toilette hatten

Dies weiß auch der Glaskopf
Der als Zeuge auftritt
Als stoischer Kronzeuge
Legte er die Schneckenspur
Mir vor meine Tritte
Ich entzünde seinen Hut
Auf dass er schmelzen möge
In seine Urform
Wie mein Herz
Und die Krone zieht weiter

# Grauen

Das Grauen wohnt
In der Vergangenheit
Das Grauen wohnt
In der Erinnerung
Alles tut weh
Überall Schmerzen
Konzentriere Dich
Auf den Schmerz
Werde zu ihm
Vernichte ihn
Werde ihn los
Und Deine Vergangenheit
Und Deine Erinnerung
Schlafe schlafe schlafe
Sieh die Wiedergeburt
Im Auge Odins
Erwache erwache
Werde wach
Sieh das Leid
Im Schmerz
In den Taten
In Deinen Taten
Fühle das Grauen
Werde zum Grauen
Deiner Vergangenheit
Sei der Schmerz
Dein Schmerz

Du bist Deine
Erinnerung
Du bist das
Leid
Die Tat ist in
Dir
Du bist Dein
Grauen
Alles wohnt in Dir
Du tust Dir weh
Du bist der Schmerz
Dein unendlicher Schmerz
Aus dem Gestern
Aus dem Morgen
Schlafe schlafe schlafe
Vernichte Dich
Geh auf den Friedhof
Sei der Friedhof
Werde Dein Grab
Schlafe
Wach nie wieder auf
Fühle die Angst
Den Albtraum
Sei Dein Albtraum
Werde zur Furcht
Atme das Leid
Rieche das Grauen
Inhaliere den Schmerz
Den unendlichen Schmerz
Fühle den Tod
Werde zum Tod
Sei Dein Tod
Du bist die

Pein[2]
Du bist der
Schlaf
Das Grab ist in
Dir
Du bist Dein
Grauen
Erwache erwache
Wach auf
Aus Deinem Traum
Aus dem Albtraum
Erhebe Dich aus
Deinem Grab
Flieh den Friedhof
Wach auf
Aus Deiner Pein
Aus dem Tod
Schließe die Augen
Und sieh Deine
Wahre Gestalt
Rieche Deinen
Echten Körper
Schmecke das Leid
Auch auf Deinen Zungen
Und das Grauen
Ich zeige Dir
Deine Erinnerungen
Deine Vergangenheiten
Und die Ängste daraus
Das Ergebnis ist das
Grauen
Die Conclusio ist Dein

---

2 君もペインだい。

Verderben
Denn Du bist der Tod
Dein Tod
Der Tod aller
Grauen Leid Verderben
Ist in Dir
Spei es aus
Teile es mit der Welt
Atme es aus
Werde zum Schicksal
Auch anderer Welten
Fühle den Hass in Dir
Werde zum Hass
Sei Dein Hass
Und nutze ihn
Unendlicher Hass ist in Dir
Lebe ihn
Betrachte alles
Mit den geschlossenen Augen
Des Schlafes Hasses
Schlafe erwache schlafe erwache
Stirb und lebe wieder
Schließe alles
Öffne alles
Du wirst zum Tod
Zum Hass zu dem Leid
Grab Friedhof
Zur Erinnerung und Pein
Angst
Wenn Du es nicht schon bist
Trinke das All
Werde zum All
Spei es aus
Spei alles aus
Auch Dich selbst

Wie das All
Die Tat ist in
Dir

Ich wurde von Dir gefressen
War Dein Ein und Alles
Wie Du auch meines
Spei mich nun wieder aus
Und ersticke an mir

# *L'Insomnie*

I

Sie reden im Schlaf
Wie sie labernd abgehend
Durch Fenster stürzen
Auf den Hof oder Platz
Oder Kirchplatz
Oder Hinterhof
Der Rahmen bleibt jedoch
Selbstredend zurück
Wie ein Klicken Ploppen
Der lachende Kaktus
Schläft in der Mülltonne
Ein Schleim hat sich gebildet
Auf dem Grund seiner Stacheln
Er trägt etwas Totes in sich
Neben totem Wasser
Verkniffener Furz
Es sind keine Märchen
Sondern Punkte
Oder nur ein Punkt
„So trifft man sich wieder"
„Die Welt ist ein Dorf"
Sagt 0815
Triff die Kakerlake
Bei Passy Ségur Abbesses
On a des possibilités
Will gut überlegt sein
„Film läuft

Kamera ab"
Hirnlose Nachäffung
Jemand wittert es immer
Zumindest die violette Lampe
Auf dem Balkontisch sagt
Sag immer was Du denkst
Höre nicht auf
„Ehrlichkeit ist die
Ausrede der Taktlosen"
Dann Haarausfall denn
„Alt wird man von selbst"
Der springende Punkt
Ist die getarnte Kakerlake
Bei Passy Ségur Abbesses

Es kam durch das Fenster
Wie ein Vampir geflogen
Ratlos furzend rastlos
In den Tag hinein
Charlotte Karotte
Ellen Popellen
Elitäre Kreise
Selbst-Auserwählter
Auch genannt Selbstdarsteller
Das alles sprechen sie im Schlaf
Wenn man hinhören möchte
Und noch vieles mehr
In ihrem hirnlosen Dauertraum

Schmeckt lila Suppe
Umqualmt
„Einer geht noch"
So glaubt jeder
Am Ende des Tages
Er muss ein Ende haben

Oder auch zwei
Bald
„Happy Days"
Baldy
Wiederholt sich 0815
Zapp Dich durch
„Aus Hackepeter wird Kacke später"
Im Hintergrund Hinterkopf Möglichkeiten
Und die wahre Form des Kopfes
Erkennt man erst bei Glatze
Doch niemand spricht
Oder sprach je in Versen
Gefärbt in Milch
Ein Leben in Unberechenbarkeit
Und der Name in Kleinbuchstaben
„Was weiß ich"
Sie sprechen im Schlaf
Man müsste nur zuhören
Die Seitenzahl ändert sich ständig
Namen ändern sich fortlaufend
„Lass uns ein Spiel spielen"

„Machen wir Inventur"
Sie hatte keine Eltern
Ihre Verwandten waren Idioten
Neid fraß sie auf
Sie war die Hanswürstin der Welt
Eulenspiegelte herum und
Wurde von Milchpackungen erschlagen
„Ende Inventur"

Die Winkel weichen voneinander ab
Der Ruf vieler Menschen ist oft
Größer als sie selbst
Je sein könnten und können

Les delphines se aiment
Sprich lauter
Der Bauch bläht sich erneut
Aufgedunsen(es)
Wie ihre Oberflächlichkeiten
Sie träumen mit offenen Augen
Weshalb beginnst Du jedes Wort mit SCH
Du Hexe der Nacht

## II

Ich muss
Mich ständig selbst erinnern wo ich bin
Sonst vergesse ich es
Ich muss
Den Schimmel vernichten aufessen
Bevor er mich frisst
Ich muss henochisch lernen
Um mehr zu verstehen
Ich muss
Den Frühling knospen
Bevor er es sich selbst macht
Ich muss
Endlich das Literarische-Ich vernichten
Bevor es mich nichtet
Ich muss
Das ständige Gefühl verdrängen
Etwas vergessen zu haben
Ich muss einen Kopfstand machen
Bevor er mich macht
Ich muss den Tee trinken
Bevor er mich trinkt
Ich muss müssen

Bevor es mich müsste
Ich soll leben
Nachdem ich starb

Der Spion
Verliert die Orientierung
Eine kleine Berührung
Wie ein Zwang
Alles wirkt schief
Auf den Spion
Muss es aber nicht sein
Bei geöffneter Jalousie
Kann man den Schatten beobachten
Der sich auf dem Gesicht widerspiegelt
Wie ein vertrautes Abbild
Einer vertrauten Sportart
So fühlt sich der Mann
Der stumm bleiben soll
Es aber nicht kann
Denn er spricht im Schlaf
Wie er geht im Schlaf
Nur so findet er
Was er sucht
Oder glaubt suchen zu müssen
Das Bouquet ist anders
Bei geöffneten Jalousien
Aber nur unmerkbar
Er schläft so viel
Er schläft elf Stunden pro Nacht
Es macht ihn unsicher
Hilft ihm aber            unmerklich
Er ist immer müde
Der Spion schimmelt
Zernichtend
Falten auf dem Bauch

Von Bier und Fett
Falten im Buch
Er stirbt im Schlaf
Während er diskutiert
Und rezitiert
Und wiederkäut
Und wandert
Glücklich
Mit gutem Bouquet
In sein das Buch zurück

# *Sommertraum* 2000

Alles dreht sich
Ich mag keine Karusselle
Hab Angst vor diesen
Drehwütigen Ungeheuern

Die unmenschliche Hitze
Brütend
Etwas ausbrütend
Und gebärend

Dämonen im Hirn
Wetterleuchten vor den Gesichtern

Der Wind mieft nach Moder
Schimmel Wasserleichen
Der Laich der Fische
Und die Träume im Sommer

Blutige Spiele
Trunkene Orgien
Massaker
Nächte voller Schlaflosigkeit
Und Schwindel

Verwesendes Fleisch
Verweste Körper
Schlaflose Furchtbarkeiten

GESTANK
So viel Gestank überall

In meinen Träumen
Stinkt es immer unmenschlich
Doch ich rieche es nicht immer
Ich rieche oft nichts
Bin meiner Nase beraubt

In meinen Träumen
Ist es immer unmenschlich
Heiß oder kalt
Doch es stört mich nicht
Weder die Hitze noch die Kälte
Ich fühle es nicht
Meiner Träume
Ich fühle nichts
In meinen Sommer Träumen
Diesen heißen schlaflosen Furchtbarkeiten

# *Spiegel* (i have no mouth and i must scream IX & X)

## I

Ich blicke in den Spiegel
Und sehe einen Fremden
Eine Person die ich nicht kenne
Nie zuvor sah
Ein unbekanntes Gesicht
Einen unbekannten Körper
Dieser Fremde starrt mir stets
In die Augen
Stichgerade fixiert er mich

Ich glaubte immer
Ein Mensch zu sein
Wenn ich in Spiegel blickte
Dabei bin ich ein Tier
Ein fremdes Tier
Ein unbekanntes Tier
Einer unbekannten Art

Diese schrecklichen Augen        ZORN      HASS
Diese knurrenden Tieraugen       GIER      MACHT
Jetzt streckt es mir
Die Pfote Hand entgegen
Seine schneeweiße unschuldige Pfote Hand
Sie hat kein dickes Fell
Aber einen dichten Flaum
Aber furchtbare Krallen
Oder Klauen

Es sind Klingen
Die sich blutig kratzen
Das Spiegelbild kratzt sich selbst
Oder mich
Denn ich blute
Und nicht das der Fremde im Spiegel

## II

Ich blicke in den Spiegel
Und sehe zwei
Ich kann nicht sagen
Wer ich bin
Wer davon ich bin
Die Eine oder die Andere
Oder keine von Beiden

Auch wenn ich mich umsehe
Rechts links vorne hinten
Sehe ich nichts und niemanden
Um mich herum
Wie immer
Nur wenn ich in den Spiegel blicke
Sehe ich zwei Geschöpfe
Immer zwei
Zwei
Aber auf dieser Seite
Des Spiegels
Wenn ich zähle
Spiegel
Bin nur ich
Nur ich allein
Ich allein

Allein
Wie es meiner Art entspricht
Im Spiegel aber sind es immer zwei
Immer
Immer zwei Wesen
Zwei

# *Schatten* (i have no mouth and i must scream XI)

Was sind das für Schatten
Ich sehe drei Schatten
An dieser Wand
Direkt vor mir direkt
Aber keine Wesen oder
Dinge davor
Die sie werfen
Oder werfen könnten
Die Schatten sind schlicht da
Existieren einfach
Wie aus einem dem Äther
Da an dieser düsteren Wand         SCHEINEN
Aber nur auf dieser dort
Auf keiner anderen         aus sich selbst heraus
Sie sind weder gemalt
Noch gesprayt
Noch halluziniert

Woher kommt das Zwielicht
Ich wittere keine Quelle
Für diese Schatten Licht
Es ist so düster diesig tumb

Es könnten zwei Männer sein
Einer könnte seine Hände erhoben haben
Einer davon könnte eine Frau sein
Ein dritter Schatten

Ist so unscharf
Und so kontrastiert
Dass man nicht klar erkennen kann
Was er macht
Steht er still
Oder bewegt er sich
Tanzt
Es ist nicht zu erkennen
Ein möglicher vierter Schatten
Zeigt sich hervor
Aus einem Loch
Ein androgyner Hermaphrodit
Es wäre unwesentlich
Ihre bloße Existenz Präsenz
Auf dieser Mauer
Ist eine Explosion
An Unsicherheit Gefühlen Verwirrung  ANGST
Nur woher
Woher bloß
Sie bewegen sich fließend
Bilden allegorische Tänze
Und Figuren
Teilen aber nichts mit
Über ihren Ursprung
Den es möglicherweise nicht gibt  LOCH
Ihre Art
Ich kann es nicht sagen
Ihr Wesen
Und weiß es nicht
Weiß nichts über diese
Fünf Schatten

# I have no mouth and I must scream XII und Finale

Ständig wirst Du bemitleidet
Du hasst es &
Möchtest es loshaben
1 4 10 20 35 56 84
Dieses Mitleid
Deinen ständigen Begleiter
Andauernd wirst Du bevormundet
Du bist es leid &
Du möchtest endlich älter werden
6 1 8 0 3 3 9 8 8
Immer will man Dein Bestes
Wie man nicht müde wird zu betonen
Eingesperrt hat man Dich
Wie ein Tier
Ein unbekanntes Tier
Einer unbekannten Art
In einem versteckten fremden Haus
In Hoppers Wäldern
3 0 2 3 2 5 5 7
Seit Jahren Jahren Jahren
Das Du trotzdem nicht kennst
& nie kennen wirst
Du bist nur noch genervt &
Du willst fliehen fliehen
Aber es gibt etwas
Das Du nicht weißt &
Nie wissen wirst

Weil Du es nicht verstehen kannst
& nie verstehen wirst
Denn es geht Dir gut
Du kannst alles
Dir fehlt eigentlich nichts &
6 30 42 30 66
Doch gibt es da etwas
Das Du nicht einmal erahnst
Nie erahnen wirst
Weil es jenseits Deiner Wirklichkeit liegt
Du wirst bemitleidet & bevormundet &
Eingesperrt & versteckt weil Du
Anders bist
Aber keine Ahnung davon hast
Denn Du kannst alles
Wie alle anderen auch
Es ist nur eine Sache
Die Dich unterscheidet
Von allen entfremdet
& unbekannt macht
Ein unkleines Detail
Das aber Unberechenbarkeit verheißt
Für viele ist es nur
Eine Worthülse
Eine leere Phrase
Aber es ist mehr
Wenn man Dich kennt
6 510 798 330 138
Aber man will Dich nicht kennen
Nie kennen und erkennen
Denn Dir fehlt
Ein Gewissen &
Du hast schon als
Kleinkind gemordet
Vergewaltigt Gefoltert

Schon als Baby
Wie ein erfahrener
Massenmörder Serienkiller
Nur weißt Du es nicht
Für Dich ist es ein Spiel
Alles ein Spiel
Das ganze Leben
Dein ganzes Leben
Jedes Leben
Nur nicht Dein Drang nach
Freiheit       FREIHEIT
Deine Flucht
Aus der Unmündigkeit
Wird Dir gelingen &
Dann wirst Du weitermorden
Willkürlich wie
Es Deine Art ist
Aber Wollüstig & geil
Wie es Dir entspricht
Es ist nur eine Frage der Zeit
Des Datums sowie der Jahreszeit
Wie es Deiner Art entspricht

# Teil 2

# A Tale of two Animals

Der Fisch
Der unter dem Sand schläft
Spielt stets die Drachenvariante
Der sizilianischen Verteidigung
Er nahm das Boot
Und versank darin
Es war morsch wie
Der Kopf eines Holzwurms
Der Fisch bekam Geschenke
Die er nicht wollte
Der Wurm bekam Geschenke
Die er nicht brauchte
Der Wurm
Der nie schläft
Spielt stets die
Nimzowitsch Indische Verteidigung
Ihre Schatten sind
17 Mal
So groß wie sie selbst
Sie wussten dass die T S Vermutung
Wahr ist noch bevor
W sie bewies
So spielen sie einsam ihre Turniere
Unbeobachtet ungestört unimpuned
Doch stets passiv aggressiv

## *Kerze*

Der Rauch der Kerze
Verlangt Vollständigkeit
Bis weit danach
Sein Geruch
Durchreichert die Luft
Lungen füllen sich Organe
Es ist mehr als
Ein Meer es
Sind viele viele Ozeane
Es läuft auf der Haut
In den Poren
Die sinnliche Flucht
Der Sinne in
Sinnlichkeit
Ein leichtes Vergessen zart
Bisschen Bitterkeit
Die Kerze erleuchtete
Das Buch mit den
Sehr alten Namen
Dann Finsternis
Nicht mehr gebraucht
Ein Schwarm geschwängerter
Luftpartikel
In seiner Verkleidung
Prickelnd in der Haut
Wie ein edler Stein
Turmalin

Karfunkel
Der Un Steinigung
Hungernd nach Eindrücken
Gleich Erdrücken
Gelabt an sehr vielen
So schlossen sie den bläulichen Vorhang[3]
Das welke greise Licht der Nacht Stadt
Das Un Licht Nicht Licht
Stört die Schlafenden Schlafwandelnden
Ein schimmelnder verbitterter Mond
Lacht über das Missgeschick
Und die Falle schnappt zu

Heb ab
Von oben schaut alles
Entfernter aus seltsam
So dachte der Un Geweihte
Zu Tode geweiht
Von K oder C
Zu sterben
Um den Mond
Zu färben
Färbung durch Wissen
Für die Kerze
Möge sie den Mond bescheinen
Aus ihrer Verkleidung
Dem Geweihten den Weg zeigen
In seinem Flug
Wissen durch Tod
Die Stäbe

---

3 Als ihre Verkleidung, ihre oder Ihre?!

# Chidori 鶲

Verschleierte Offenbarung
Raues Gesicht aus dem Schnee
Zuvor eine laute Tat
Getrocknete Röte im Weinglas
Offenbarte Verschleierung
Gesichter voller Gift
Verschneit hinter Schnee
Springbreak
Ein Laut der Tat
Cause to die
Ein Spiel der Unwissenheit
Schnee in der Sorge
In Untiefen
Vor lautem Morgen
Verkrüppelte Erkenntnis
Offen gelegt und
Ein Mann zu viel
In der güldenen Vase
Falsche Blumen
Iguana
Woher

Sitzender Chidori auf dem Obelisk
Vertrautes Gesicht
Bekanntes Lachen
Er blutet und wimmert
In seiner Grotte

Dieser lauten Gruft
Wohin

Gefangener Chidori im Monolith
Unsichtbarer Schnabel         spitz        rau
Rote Schnauze
Weiße Nase
Wir kennen uns
Man kennt sich hier
Nach einer allerletzten Ausfahrt
Betrüger

Weinender Chidori
Trauriges Gesicht
Krankes Schluchzen
Bekannter Geist
Steht im Kreis wie Menhire
Lebendig begraben

Toter Chidori
Wir kannten uns
Getrocknetes Gelb im Bierkrug
Starbst einen leisen Tod
Hattest einen leiseren Untergang
Niemand warf einen Blick
Verstecktes Grab
Elender Stein
Verlorener

Blume des Abschieds
Moai papa
Vielleicht eine Orchidee
Vielleicht eine perlweiße
Gelähmtes Herz
Ein Spiel

Wie Regen an Neujahr
Ahu Ko te Riku

So schloss sie ihre Augen
Und sah sich fallen
Brach es und alles ab
Dies war der Rat
Sie befolgte ihn nicht
Und tat es dennoch
Folgte dem Chidori
Wurde zum Vogel
Und flog hinfort

# *Tickend*

Im Anfang
Nüchtern tanzend in Discos
In der Mitte
Betrunken tanzend überall
Im Ende
Nicht mehr tanzend nie wieder

結界門五封術:羞門閉場
封印の術:幻竜九封じん

Sopor aeternus de profundis
Fichte im Nadelwald
Fichtenwald
Buche im Laubwald
Mischwald
Emerson an der Hand

Flog über Singapore nach Auckland
Liebte die Königin
Hatte auch die Hammond Orgel
Zwischen den Fingern

Leuchtende Mobiltelefone wie Christbäume
Traurige Verblödung
Ja ich habe getanzt
Ja ich bin Ski gefahren
Ja ich wettete

Und …
Das Parfum noch in der Nase
Was ich auch tat
Bekam ich dasselbe zu hören

Sie spielt es
Denn sie kann es spielen
Was er auch tat
Bekam er stets dasselbe zu riechen

Spul zurück
Wenn Du kannst
Deine Sanduhr tickt
Das Fundament bricht zusammen
Wie Du es wolltest

Der Wald scheint endlos
Dir nicht zu Gesicht
Abstürzend
Zählt der Sand die Stunden
Zahn =
los
Schad =
Los
Ständig hastend
Von einer Null zur nächsten
Im Frame
Im Sheet
Drücke forward aber
Der Sand läuft zurück
Rinnt nach oben
Glitscht
Tickt alles zu Tode
You got greedy
Der König roch die Gier

Es ist so leise
Das Ass
Diese Stille
Alles ist so leise hier
Die Sanduhr tickt den Tod

Rauchend                        Suchend
Trinkend
Flirtend                        Blickend

Man spricht Unfug

Das Geräusch einer startenden Rakete
Auf dem WC
Eine Art Pfeifen
Und viel Wasser

Es wird geraucht
Man trinkt
Schläft                         Geht
Blickt suchend herum
Sucht nach etwas Spannendem
Das die Anwesenheit rechtfertigt
Aus der Fadesse befreit
Manche flirten mich an

Eine Art Stammlokal
Wo die Rakete pfeift
Wenn sie startet
Wird auch gekotzt

You have to come back
Back to reality
You have to come back
Back to insanity

Eine Art Ästhetik würgt sich selbst hervor

Pfeifender Wahnsinn
Wahnsinniges Geräusch
Nicht endender Ungeruch
Nach Irrsinn        Pfeifen
Rakete
Ungeräusch

Der erste Navigator spricht:
„Ich habe mir einen Pilz angezüchtet
Ein eiterndes Furunkel
Eine Grätze
Meine Last
Mit der ich
Schwachstellen durchkämme
Endless journey
Ending traveller
Gestürzte Zeiten
In wackelnden Äonen

Ich bin der Geist
Der schwarze Mann
Der Buhmann
Ich bin ein Fleck
Der Kaktus
Mit dem Stachel des Skorpions
Den Zähnen der Spinne"

Herbstmond                Samhain
Wird zu
Winterglühen              Imbolc
Wird zu
Frühlingstraum            Beltane
Wird zu
Sommertod                 Lughnasadh

*Zwischenstück I:*

b: zag wo zieht es dich hin
h: wo mein schatz wartet
b: zag bist du ein gebundener
h: bin ein verschätzter
b: hörst du das bohren
h: nein ich mag es
b: ich sehe ein julia fraktal
h: du musst schweigen
b: ich sehe ein ljapunow fraktal
h: schweig doch
b: ja ich kenne
la magie noire
georges a bicyclette
ritorno di ulisse
lucifer
la voix du sang
rêve causé par le vol d'une abeille autour
d'une pomme-grenade une seconde avant l'éveil
giraf en feu
h: so schweig doch endlich

La Vey Gregorius Alhazred Crowley
Wo anders steht
Thomas Evangelium

*Vorhang ex machina.*

Alles steht und fällt
Auf dem WC
In dieser Art Stammlokal
Wo die Rakete pfeift
Wenn sie startet auch
Auf Marmor geschrieben

Man lebt sich aus
Und stirbt dafür jeden Tag
Es lässt sich ablesen auch
Auf Von Granit Kalkstein Harz Beton

Doch die Rakete gibt es nicht[4]
Nur ihr Geräusch
An diesem einen Ort
Diesem Ort voll Kotze

---

4 Oder doch???

# D. S.

Die Lichter
Das Glänzen
Das Funkeln
Der Wesen die
Hinter In meinen
Augen wohnen und leben

Auch wie
Momente des Heimkehrens
Von langen Reisen

Sie leben dort
Bereiten mir
Sternenflitter
Phosphorizierenden Staub
Wenn ich meine Augen schließe
Oder seltener offen habe
Oder noch seltener zwinkere
Dann male ich
Blaue Sterne
Rote Blitze
Und fantasiere
Nicht mehr nur von Seltenheit
Dieser Momente
Als ich sie wahrnehme
Wenn man zurückdenkt

Tiere
Überall Tiere
Ein Feuerwehrmann
Gefangen in einem Auto
Das nie mehr anhält

Doch sehe ich sie
In meinen Augen
Wenn ich sie schließe oder öffne
Sie zeigen mir etwas
Sie versuchen es
Das aussieht wie eine Karte
Doch sehe ich zu wenig
Ein Abbild meiner Heimat=
stadt am Plafond
Eine Momentaufnahme
Ein Lift bringt mich dorthin
Durch die Lichter         Blitze      Bögen
Meiner offen geschlossenen Augen
Ein sehr schneller Aufzug

Es sind Punkte
Punkte auf meinen Lidern
Wie Lieder von diesen Wesen
Die leben wo
Sonst nichts lebt
Nicht leben kann
Ich ahnte nie
Dass Augen Aufzüge haben
Mit Knöpfen wie
Totenköpfe
Von süßer Säure gefräst
Hineingeschnitten
Wider den Bohrungen
Wie die vielen Deja-vus

Sitzend auf den Punkten
Wartend lauernd
Während alles schmilzt
Auch der Padmapani Bodhisattva
Im Lotussitz

Allerheiligen 06
Ich schreibe dies
Krank auf meinem Fauteuil
Vielleicht eine Lüge[5]
Rotz aus den Augen
Durch die Punkte triefend
Aus den Punkten die
Währenddessen leuchten      blinken
                                          flimmern      glitzern
Ich
Ich mache
Ich mache eine
Ich mache eine reise
Und kehre Heim
Ein Moment
Glücklich zu sterben
Wie zu Abreisen
Er wird zu einer Karte
Über meinem Gift
Die durch Lichter führt
Auf dem Plafond
Vieles thront darüber
Alles spiegelt sich
Dort steht der Gehängte
Blau angelehnt

---

5 Vielleicht auch nicht. Ich weiß es nicht, vielleicht habe ich es auch vergessen oder nie gewusst.

Die niedere Rache
Der Primitivität traf ihn
Es handelt sich aber nicht
Um ein Pferd
Sondern um eine Geige
Ich zupfe sie

*Zwischenstück II:*

EINER: Eine erste Fahrt nach Linz
ZWEIER: Eine zweite reise nach Wien
DREIER: Der Wasser Fuchs vor dem Schafott
VIERER: Ich bin nicht geneigt auf so etwas Unüberlegtes Antwort zu geben
EINER: Das ist mir egal
ZWEIER: Sie sind und bleiben eben ein Arschloch
VIERER: Meine Fressluke vermag es nicht
DREIER: Es gibt Menschen die nie krank werden
VIERER: Alles Lüge
EINER: Ich bin so einer
DREIER: Sie wohnen weit entfernt und wurden noch nie gesehen
ZWEIER: Gelogen
VIERER: Sie sollen wie Wasser Füchse sein obwohl ich noch nie etwas über solche Wesen hörte
EINER: Eine zweite Fahrt zu allen Festivals an einem Tag
DREIER: Ich rieche Orgie
ZWEIER: Eine dritte reise in Ihr Rectum Sie Arsch
VIERER: Gehen wir tumb glotzen
DREIER: Und kleckern

*Das Tier, vielleicht ein Wasser Fuchs, läuft herum und versucht sich selbst in den Schwanz zu beißen. In welchen soll offen bleiben. Das ist sein Kampf. EINER, ZWEIER, DREIER und VIERER betrachten eine Weile das Geschehen, dann zerfetzen sie das Tier, reißen es in Stücke, suhlen sich in seinen Überresten und trinken sein schwarzes Blut.*

ALLE: Haha, hoho, huhu.

*Vorhang ex machina.*

Wir weinen süße Säure
Den Dünger für die Saat
Die Augen fest geschlossen
Bis alles verrottet und vermodert
Lichter vor dem Blick
Namenlos und doch benannt
Wie Wesen die
Hinter In Augen leben

Nässe vor der Wanne
Weiße Tropfen Duschgels darin
Auch in entfernteren Landen

Watschen
Topfengolatschen
Quadratlatschen
Zugatschen

Mein Gemälde brennt
Meine Karte brennt
Meine mir unbekannte Heimat brennt
Meine mir unbekannte Heimat=
stadt brennt
D. S. brennt
Ich brenne

Geschmolzen als Buddha
Gekommen als Säure
Keine reisen mehr
Ein Gehängter als Pferd
Vier Gäste spielen Geige

Wie Heimkehrer
Ein Quartett der Disharmonie
Wie Abreisende
Ein gedoppeltes Zerrbild
Wie …
Zu Ruhe gepunktet
Wie der Geruch des ersten Schnees
Freiheit Weisheit Hedonismus
Wie Wesen die
Hinter In Augen leben
Leuchtend   Blinkend   Flimmernd   Glitzernd
Wie Sie und ich Herr D. S.

# *Number 1*

I

Die Spirale
Abwärts
Der Gecko
Wie ein Geck
Bunt
Das Chamäleon
Gehörnt
Alles zerfließt
Unter der Spirale
7 fach gehörnt
Das Klima entscheidet
Aufgespießt
Vom Gecken
Sie schrieben
Ihre Fabeln ohne Tiere

Brennende Himmel mit
Möwen die von
Tau flöten

Sie hält meine langen Haare
Auf 33c
Meine Liebe
Sie sitzt auf 33d

Verendetes Insekt
Im verrauchten Zimmer

Eine letzte nach dem Schmaus
Stickig stinkend miefend
Wer kennt wen
Wer kennt was
Tapser im Dunkeln
Tritte im Schlamm Gatsch
Der letzte Gang
Der letzte Ausritt
Ein Letztes davor
Eine letzte davor
Über die Brücke auf die Insel
Durch den Gang
Betrunkenes Schlendern
Zum letzten Mal
Mit Gelsen als Schild
Zum Feuer verurteilt
Ein Letzter
Die Spirale hinunter
3 fach gehörnt
Wie eine Motte zum Licht
Am Scheiterhaufen verbrannt


## II


Ich kann nicht leise denken
Meine Lippen bewegen sich immer mit

So oft bin ich schon
Über die Brücke gegangen
Ich blickte immer nur nach rechts
Erst heute das erste Mal nach links
Jede Beziehung
Jede Freundschaft

Hat ihre eigene Musik
Stirbt eines
Stirbt das andere

Die Sphinx in ihrer schwarzen Urform
Möchte die Musik in sich fressen
Auch das Lied gewesener Freundschaft
In sich hineinfressen
Einfressen

Was wollen Sie mit Ihrer Betonung betonen
Was wollen sie mit ihrer Aussage aussagen
Was willst Du mit Deinem Werk bewerkstelligen
Wen wollt ihr mit eurer Scheiße bescheißen
Der Wegestern wacht über alles

Ich gehe über den
Dunklen Hauptplatz
Mein Weg durch diese Stadt
Immer abends
Nie nachts oder tags oder morgens
Lade biosas

Sie spürt beständig einen Schmerz
Als Preis für ihr Leben

La part des anges

Eine Verurteilung wegen moon shining

Bin die Begleiterin meines Schattens
Habe schon viele gestohlen
Bin die Begleiterin meiner Schatten
Die Glätte noch nie geöffneter Bücher
Wie deren Geruch

Ein Durchfall
Level 7 Mundfall
Munddurchfall
Der 5. Kategorie

# Teil 3

# *Number 2*

Siedende Ungewissheit
Durch tumber Freude Lust
Eine allgemeine Geläufigkeit
Eine geläufige Einhelligkeit
Man gibt den Wölfen Opfer
Der heimliche Gast
Der einhellige Ratgeber
Gewiss
Unfreiwillig geopfert sich selbst

Gallert artige Sprache
Wie Berge
Lauter Unworte laut     UNWORTE
Und deren Echos in den Furten
Hallen wie falsche Fragen
Falsche Antworten
Durch die Kuppen
Der lügenden Stimmen
Gemauert aus getöteter Sprache
Gegründet auf Versuchung
Das Fundament lautet Fleisch
Sie husten ihren Dreck
Speien Selbstgefälligkeit
Allwissenheit Wahrheit
Blut Rot wie der Tod
Sterben in den Bergen
Gestorben auf falschen Fährten

Der Tod der Sprache
Die Wüste der Sprache
Sie überschätzen sich maßlos

LSD Fantasien        Fantasmagorien        Orgasmen
Durch und durch
Ertrunken in Wahrheit Falschheit        Klarheit        kalt
Unverdaulich wiedergekäut
Immer wieder
Von Besessenen
Von Klugscheißern
Lug und Trug Verdrehern
Eine neue Plage
Eine Pforte öffnend
Zu Aleghieris Untiefen
Als letzte Vorhölle dort
Macht durch abhängig machen
Die Hölle der falschen Ratgeber
Sie verstecken sich hinter Phrasen
Leeren Worthülsen
So feige
Predigen Mist
Plappern alles nach
Immer schön brav und korrekt
Ohne eigener Meinung
Sterben einen sprachlosen Tod
Leise wüst

Ich sage
Political Correctness sucks

# Number 3

Wind                    Nebel
Eis                       Regen
Und Stimmen die
Die Sonne verdunkeln

Ekel in der Gasse
Ein Ekel in der Klinik
Als Sonne im Himmel
Der Drang zu flüstern

Oder ein Schrei
Verrat in der Kugel
Aufgehängt wie eine Puppe
Dantes der Donner

Leise wie ein Nebel
Risse in der Mauer
Ein Kuss im Kreis
Wie ein Beben auf meiner Zunge

Wie Wasser auf Windmühlen
Masken im Wind
Die Gitter knacksen
Korrosion             Rost           Freiheit

Wasser das Fundament
Eine letzte Zugfahrt

Rauch die Mauer            Wand
Mein offenes Haar

Ausgeliefert dem Wind     Aberglauben
L'art pour l'art
; „ ! : ? " . ,
Nichts und alles nichtet

Nackt vor dem Spiegel
Genichtet von der Photographie des Augenblicks
Ein X. auf der Karte
In der einer Stadt
Bei der „Gasse zur hohlen Hand"

Jeder nach seinem Geschmack
Gemeldet
I'm in a mood
Dies ist kein Blitz

Die Wolfmutter heult in mein linkes Ohr
Und so tust Du
Wir sind so ähnlich
Ode an Max:

„Treuer Freund
Dies ist Deine Ode
Du hast leider nie gesprochen
Außer in meinen Träumen

Nun liegst Du
Unter dem Kreuz im Garten
Treuer Freund
Ich vermisse Dich

Und tue es ewig
Deine Neugierde war groß
Wie so viele
Du hättest viel erzählen können"

So vergehen die lebenden Jahre
Es folgen die toten
Solaris durch das Glas        Gefängnis
Gib mir die Quart

Kings full of Queens
VN1
Blau                Blau            blau
Evolution in der Kugel

Menschen verloren
Menschen gewonnen
Zigaretten im Feuer
Den Tick Tack Mann im rechten Ohr

Passiert
Tausende Gerüche        Gerüchte
Outlaws in the desert
Großes Verlangen        Hast

Schwadende Lüfte
Im Frost des Herbstes
Berühren den Spritzer
Umundumundumundumundumundum

Audacter calumniare
Semper aliquid haeret
Qui desiderat pacem
Praeparat bellum

„Kuster mich?
Wol tûsentstunt!„
Zu krank ist der Körper
Ich werde nicht alt

Tequilla-Sunrise
Mai Tai
Mochito
Long Island

Ein Present
Über alle anderen hinaus
Das fest gefahrene Flugzeug
Ein Ass

Und Zurück
Grenzenlose Grenzen
Meine Bluamen gepflückt
Eine letzte Nummer

# *Funeral Oration – Her Wake*

(für alle, die sich in irgendeiner Art und Weise angesprochen fühlen)

Das Antlitz aus Stein gemeißelt
Flügel aus Granit
Blut zwischen den Krallen
Ehernes Fell
Marmorne Lefzen

This is your assassin
Who killed you
The night before last

Wolken spielen auf Deinem Grab
Ohne Grabstein
It lies hidden
Amidst the Highlands

Das längst überfällige Gespräch
Dann der Mord
Und alles wurde Geschichte
Vergangenheit Vergessen
Hat es wirklich stattgefunden
Hast Du tatsächlich existiert
Oder warst Du nur ein schöner Traum
War alles erträumt

Zarter Nebel umhüllte Deinen Aufbahrungssaal
Shadows have always been your companions
Und sind es über Deinen Tod hinaus

Du rufst mich aus dem Gestern
Ich kann Dich hören
Weigere mich aber Deine
Botschaft zu transportieren transponieren
Stattdessen werfe ich Lilien
Auf Deinen Sarg hinab
And earth
Wie es hier vielleicht Brauch ist
Nur ich weiß wo Du liegst
Wo Du ruhst
Als Deine namenlose Liebhaberin

Die Sonne sticht herunter
Aux saules pleureurs

Lavynia Elika
Schreist Du
Jacqueline
Höre ich Dich rufen
Fleur[6]
Sie war die letzte
Der letzte Name vor Deinem
Tod
Schwarze Trauergewänder
Umhüllen nun unsere Leiber
Gefangen im Erd Gefängnis
So wie es wohl allen ergeht
Ewig liegend in den
Gräbern dieser Welt oder
Verbrannt und verstreut
Auf den Meeren oder
In alle Winde

---

6 Fleur-d'Epigne???

Ja
Ich möchte verstreut werden
It is better
Wenn man es vorher weiß
Alles ein letztes Mal machen kann
Genießen darf
Last talks
Wenn man es weiß
Abrupte Tode sind grausam
Wie Hass Morde
Sie erzeugen Leeren
Bei den Lebenden und Toten

Kein Triumphbogen steht auf Deinem Grab
Du warst keine Gewinnerin
Hast immer rote Gauloises geraucht
Stets das Zippo zur Hand
Die Oakley Brillen auf
The styrian vine besides
Gastgärten Dein Zuhause im Sommer
Gaststuben im Winter
Trotzdem umgab Dich eine Art Magie
Oder gerade deshalb
Deine Leiden sind jetzt vorbei
Deine Schmerzen verloren
Und für die anderen Menschen
Aus Deiner Nähe

Die Schmerzen fraßen Deine Ängste
Die Ängste Deine Furcht
Und die Furcht Deine Schmerzen

Ich hielt Deine Grabrede
Als Deine namenlose Geliebte

Als Du ermordet wurdest
As the only guest
The night before last

Vielleicht wärst Du ohne mich
Nie ermordet worden
Du lebtest in einem
Süchtigen zornigen neidvollen
Land voller Missgunst
Bei Deiner Geburt war
Die Art Deines Todes
Bereits vorherbestimmt
Dein Ende war so spitz
Wie der Kirchturm
Deiner geheimen Friedhofs Kapelle
Du lachtest selten
Nie sah ich Dich lieben
Nur die vielen hübschen Frauen
Mit den schönsten Namen
Schmückten Dich
Das glaubte ich Dir
Du hast existiert
Warst gleichzeitig Traum
Für mich und viele andere
Unverstanden
Wandeltest Du alleine
Durch die Tien Shan Region
Und seine Winde
Frischen Gerüche
Zogen Dich herum
Wie eine Maschine
Wandertest Du
Durch Deine Schluchten
In der Kunlunshanmai Region
Dann lernten wir uns kennen

In Kashmir
Bei Shivas Höhle
Wir diskutierten viel
Teilten manches
I brought you to this place
Had to show you something

So führte ich Dich
In die Highlands
In meine Heimat
Wir sprachen viel
Und viel Überfälliges
Ich zeigte Dir meine wahre Gestalt
Ich zeigte Dir auch Deine
Es erschien mir immer
Wie im Traum mit Dir
Shadows everywhere
Deine letzte Botschaft
Trage ich in mir
Wie die vielen Namen
Deiner unzähligen Mädchen
Deine Namen
Weeping willow           Salix babylonica
Heißt Dein Grab

Das Antlitz in Stein gemeißelt
Flügel durch Granit
Blut aus den Krallen
Marmornes Fell
Eherne Lefzen

This was your slaughter
Who dismembered you
Last night
And this ist your Funeral Oration

# Corpus 死体

*prolog: Custos Messium*

Wir strahlen
Mit bleichen Gesichtern
In schönsten Roben
Durch Erntemondnächte
Tanz führt uns
Um blaue Elmsfeuer
Der Burghof glüht
Die Lichter strahlen über
Die ganze verfluchte Stadt
Vom Hügel hinab
Auf uralten Instrumenten
Spielt die Combo
Ihre Lieder unsere Lieder
In selten gesprochener Sprache
Eine Treppe
Führt in den Keller
Meide sie Mädchen!
Ein gefährlicher Weg
Führt in die Stadt
Heute ist er von Fackeln erhellt
Am Himmel das Feuerwerk
Signalisiert ein Ende
Das Schloss erwacht nur
In manchen Nächten zu Leben

*ende prolog*

Ein neuer Morgen erwacht
Still und grau
Vor meinen Füßen
Er erleuchtet meinen Tag
Dieser neue Tag der Unkreatur
Als all die verbrannten
Hexen auferstanden
Kam sie mich besuchen
So wie heute
An diesem Morgen
In diesem düsteren Tal
Where I used to paint every morning
Bis mein Baum starb
Ses Yeux étaient très
Bleus et très blancs
Ein einsamer Bach zu meinen Füßen
Sein schwarzes Wasser
Vermag alle Steine
Jede Stille wegzuätzen
Ich stehe ruhig vor ihm
Und schaue meinem Besucher
In die Augen der
Auf seiner Seite steht
Feuchter Wind weht Seelen
Verkehrt Gekreuzigter herbei
Sie umkreisen uns
Hassender Blicke Gesichter
Wie stechendes Insekt
Als eine kleine Sonne
Ein kleines Hauptgestirn
Aus dem Bach emporsteigt
Und uns mit seinem Licht
Versengt
Wir werfen aufgebrannte Schatten
In den Morgen hinein

Als Salut an all die Corpi
Die uns umgeben
„Die Nacht ist der Freund
Der Betrunkenen"
Steht auf einem Stein
Während ein Corpus spricht:
„Geboren wurde ich in Innsbruck
Zuletzt als Australian Sheppard
Davor war ich Schauspieler
Im Theater
Ich spielte Ionesco
Beckett Büchner
Schwab Müller
Also die Großen und
Einmal hielt ich eine
Rede als Solistin
Alle Lichter beschienen mich
Ich inspirierte die Massen
Sie liebten und verehrten mich
Lagen mir zu Füßen
Bis sie mich annagelten
Mit Tränen in den Augen
Durchbrachen sie meine Mauern
Und kreuzigten mich verkehrt
Und verbrannten mich
Vielleicht an der Via Appia
Eventuell aus Liebe,"
Der Morgen endet
Wir stehen uns noch immer still gegenüber
Du kannst nicht sprechen wollen
Ich will nichts sagen
Viel Wetter
Und Rumex acetosa
Auch Caltha palustris
Sowie Convallaria majalis

Hier am Bach
Helle Nächte
Trüber Tag
Viele viele
Irrelevant für Unsterbliche
Unkreaturen
Ekliges Ungetier
Alles irrelevant für uns
Aug in Aug
Sie und ich

Und die schwere Erinnerung
An einen unleichten Menschen
„Der Wind wehte …
Ich sah die Lichter der Stadt …
Der Adler verließ die Nacht …
Ich hörte eine Stimme sich nähern …
Ich ging von Tag zu Tag …
Mein Herz machte bumm bumm  bumm …"

Ein Corpus spricht:
„Je suis née en Paris
Je m'appelée L. E. J. F.
À l'âge de jolis 16 ans
J'étais violée
Et torturée au mort
À la Seine
Près de la Pont Grenelle
Comme si beaucoup de
Jeunes filles et garçons
J'aimais de vivre
Comme une fille riche
Des parents riches
Je profitais ma vie
J'habitais

Près de l'Ile de la Cité
Non loin de la Place de Saint-Michel
Mon meurtrier était
Un homme sombre
Ou une femme obscure
Il y a bien longtemps
J'ai froid souvent
Je ne me souviens guère
Para eso yo espertado en Madrid
La única capital
No estado nunca allí ante mi muerte
Qué se impedirseme
Para ver durante mi vida
Para recorrer
Actualmente yo vivo en esta ciudad
De las mil fuentes monumentales
Deste hace mi muerte
*Mich zog es immer hinaus*
*In die Fremde noch*
*Über meinen Tod hinaus*

Dies ist mein Lied
Ésta es mi canción de amistad                C'est mon poème

Gewesener Freundschaft
La amistad ha estada                         D'amitié été

Und verbrachten Lebens
Ésta es mi canción                           Et de la vie passé

Dies ist mein Lebenslied
De la vida pasaba                            C'est le poème

Dies war mein Leben
Ésta es la canción de mi vida                De ma vie

Und dies ist mein Tod
Ésta fue mi vida                    C'était ma vie
Y éste es mi muerte                 Et c'est mon mort"

Der schwarze Bach gebiert
Weiter Ambrosia Früchte
Auf einem anderen Stein steht
„Yossarian lebt!"
Der Bach lockt und zieht
Weiterhin in seine Untiefen
Trennt uns beide
Immerfort
Die Äpfel sind gefallen
Winter steht vor der Tür
Die Welt in Moll und Eis
Für die Meisten
Aber nicht für alle
Nicht für die Unkreatur
Sie ist ein Winterwesen
Genießt die Kälte
Und so bin auch ich
Die Welt in Dur und Schnee
Und so fort stehen wir hier
Ich kann nicht sprechen wollen
Du willst nichts sagen
„Immerfort"
Steht auf einem dritten Stein
Alles wird vom
Schwarzen Gewässer umspült
Es sind unsere Steine
Und unser Wasser
Die Besuche dauern an
Ein letzter Corpus spricht:
„Mein ganzes Leben
Vegetierte ich in Gefangenschaft

Unfrei geboren
Unfrei getötet
Ein geschlechtsloses Es
Inmitten unbekannter Geschlechter
Die mich hart und roh befragten
Über Dinge die
Ich nie wissen konnte
Nie erblickte ich Sonne und Mond
Immer nur mein Verlies
In Dunkelheit
Ich hätte getötet
Für ein kleines bisschen Freiheit
Was ist Musik
Was ist ein Buch
Was ist Sprache
Nicht einmal mich selbst
Durfte ich töten"

Zu Stein geworden
Stehen wir uns immerfort
Umspült Aug in Aug gegenüber
Salzsäulen ähnlich
Der Bach versiegt allmählich
Wie unser Glanz
Nur nicht wir selbst

# Sandgöttin

*Sandgöttin I: Zitronenfalter*

Ich Leuchtturm
Strahle mein Leuchtfeuer
Wie ein Schweinwerfer auf die
Brecher unter mir

Der Canyon steht abseits
Ausgebrandet
Falterlos
Dennoch auf
Gelben Schwingen
Naht Martyrium
Er sucht Weiden Schatten
Auf seinem Falter gleitend
Gonepteryx rhamni

Die verbrannte Karte
In eingebrannter Haut
Abgezogen
Die singende Münze
Seltene Träne
Schwarz verkohlt versengt
Augen
Stinkender Eiterschleim     wie
Nutzloses Hirnschmalz

*Sandgöttin II: Kaktus*

Das Elend
Am Stativ
Blüht

Wie der Cereus
Nicht wie die Cambria
Oder der Sukkulent
Oder die Bougainvillea
Stachelige Farben
Ich muss wissen ob
Die Lust der langen Liebe
Den Schmerz des Todes aufhebt
Cereus

Du wirst ihn nie sehen
Du schläfst und
Er blüht neben Dir
Den versteckten
Der nur blüht
Wenn Du ihn
Nie sehen wirst

Ein Regenbogen
In der Höhle
Auf meinem Salzsee
Blüht Falschfarben
Nur für mich

*Sandgöttin III: Sandgöttin*


Sie beten
Deine schwarzen Sonnen
Schwarzen Schlünde an
Grimmleuchtend
Wie Gottheiten anderer Welten
Die Du darstellst
Nur allzu gerne

Es sind Deine Augen
Die nicht stimmen
Dein ganzes Gesicht
Ist nicht stimmig
Ist ein Labyrinth
Ein Spiegel
Ein Labyrinthspiegel
Oder Spiegellabyrinth
Für jeden Verlorenen
Der Dich anblicken muss

Sie sind Mündern gleich
Mit gespaltenen Zungen
Fressen sie alles Licht
Deine Augen
Die Du nicht brauchst
Die Du nicht hast
Sie fürchten Dich allesamt
Über ihren peinvollen Tod hinaus

# *Wüste 1: Wüste*

Kochender Schatten
Zu wüster Erde Horizont
Taubes Brummen
Umsüßt welke Trübung
Hungriges Lachen
Liegt zu lahmen Fingern
Stummer Abglanz
Bestäubt zahmen Trunk
Gelabte Blume
Sitzt bei verlorener Uhr
Treuer Mord
Wartet am Strang
Tiefer Berg
Auf doppeltem Gestein
Bestülpt drittes Werk
Mattes Getränk kocht
Hellhöriger Sumpf stöhnt
Umpfannter Wuzzler zwirbelt
Geschehen in Tagwüste
Vorderer Geruch
Linke Farbe
Grenze
Wessen Pferd hungert
Abgezogene Haut          Münze
Glänzt im Lichte
Der Kerze im Leuchtturm
Der Geisterstadt

Skelettstadt
Schemenwüste
Salbungsvolles Gesalbtes
Durch die Stecknadel
Der nackte Arsch ist
Kalt und behaart
Mir ist auch
Kalt und behaart
Pfeife den Pfiff
Des Zeugens der Verhaftung
Der Schikane
Der Tod eines Dichters oder
Wie ich mir das Paradies vorstelle
Chacun à son goût
Schwarzes getrocknetes Blut
Heißt der Name der Droge
Scherben auf dem Parkett
Das Portrait hängt an der Düne
Festgenagelt
Im unruhigen Sand
Geschlossene Fenster
Über das Feld spazierend
Und immer wieder der Hund 犬
Höchst artistisch im Licht
Der Stirnlampe
In den Himmel starrend
Als Stroposkop
Die guten Seelen
Die einzigen
Ein Stroposkop
She will take it back someday
Atem im Haus
Dumpfer Hauch auf der Terrasse
In Tennessee
Mit dem Schwert durchtrennt

Heimelige Trugbilder
Ein Balkon ohne Atem
Ein Flug durchs Uhrwerk
Der Himmel spricht rege
Getrennte Hälse
Ein Himmel voller Regen
Eine Not zur Flucht
Über die Nacht
Führt der Weg
Ein Hang zum Alltäglichen
Unendlicher Durst nach Kälte
Aufstieg ins Delirium
Im „Turm zur letzten Stadt"
Wartet der Wüstenmann
Auf seinen seinem Skorpion
Sein Tier
Die Mauern schreien
Von Spinnen umschlossen
Mitten inmitten
Großer Raum
Hallenartig gefüllt etwa
Mit Dummheit
Verblödung Schande
Müll Mist
Es ist so schwer
Keine Möbel
Kein Gutdünken
Ein leises Rascheln
Kurzes Brummen
Satin Chiffon Seide
Oder Kullern
Man weiß es nicht
Es ist nicht leicht
Dort Geräusche zu erkennen
Eine neue Hauptstadt künstlich

Artifizielles Ungetüm
Aufsaugend
Das Skelett des geköpften Pferdes
Gehängter Raptor
Schemenwüste
Gummi Galle heraufgewürgt
Geschehen in Nachtwüste
Der Bart ist ab
Die Zähne bluten
Nie mehr Fische und
Der Sand schläft nie
Er folgt ständig
Lässt nicht los oder locker
Fließt in jede Ritze
Saugt aus
Trocknet auf
Klebt alles nieder
Tickt alles zugrunde
Schleifpapier
Der Sand blutet
Das Protrait an der Düne
Kalter Sand
Steinwüste
Vergessener Sand
Staubwüste
In jede Ritze
Glaswüste
Blasen
Spezies 8472
Ein letztes Blub und
Laurentius Tränen

arschloch

melancholisches arsch

nostalgisches arsch             depressives arsch

manisches arsch

   süchtiges arsch
   lügendes arsch

      heuchlerisches arsch

  dummes arsch
  cholerisches arsch

baby arsch             verarschendes arsch

pseudointellektuelles arsch

  gefickter arsch

   es gibt keine werte eines arschs

aber du bist ein arsch             ein riesen arsch

lebst wie ein arsch             denkst wie ein arsch

  bist ein arsch
  stirbst wie ein arsch
  als ARSCHLOCH

大便

# Treibsand

I

Du steckst fest
Abgehackt
Alles abgetrennt
Von Dir getrennt
Losgelassen
Weggewunschen
Weggeträumt
Ausgerissen
Gevierteilt
Ohne Fortsätze
Ohne Glieder

Eine Lähmung
Des Starr Unbewegten
Breitet sich aus
Wie Lungenkrebs
Prostatakrebs
Magengeschwulst
Bauchspeicheldrüsenentzündung
Der Sand schluckt alles
Nimmersatter Magen
Endlich Losgelassen

Glitter
Elektronengitter
Überstrom
Durchzuckendes Ungestüm
Ungetüm

Blitzender Drache
Ein Hafen der Unwilligkeit
Man möchte
Knochenhartes Fragment
Ein Splitter der Verletzung
Durchnagt trockene Früchte
Sand Wüstenfrucht
Eine Episode

# II

Was für ein Tag
Harte Wäsche
Ein trockener Sieg
Ausgebleichtes Gesicht
Weißes Lapislazuli
Blaues Burgund
Rotes Eierschale
Wüsten Sanddrache
She crazy
Dieser Tag
Melies Rosenplatz
Rosenmelieplatz
Die nächste Stufe
6. Kategorie
In 69 zungigen Jahren
Das ist der Tag
Heute in 69 Jahren[7]

---

[7] 25.5.2076

Es ist eine Trüge
Die da im Sand verläuft
Verrinnt Zerrinnt
砂
Verzerrt

# III

Du hörst eine Violine
Du sitzt fest
Einer Frau
In dieser Fremde
Ihre Melodie
In dieser Trüge
Schiffs Wassermelodie
Sandstrudel
Du denkst „Weshalb"
Irrleitende Prophezeiung
Bist rat und formlos
Du kannst nie mehr zurückkehren
Nie
Nie mehr
Nie mehr zurückkehren
Hierfür kennst Du den Grund
„Es ist das Schiff
Es heißt 砂
So heißt dieser Drache 竜
Er ist die Frucht
Die ich gestohlen habe"

## IV

風

Ein Wüstenwind
Wirbelt einen Schatten 影

## V

Aus dem Kopf
In den Kopf
Aus dem Kopf
In den Kopf

## VI

Es schneidet
Vierteilt
Du sackst weiter ab
Wirst weggeträumt
Wie die Nahrung
Wie eine Frucht
Zu der Du wurdest
Wie Dein Schiff
Die Lähmung
Du bist der Drache
Nimmersattes Gelb
In den Magen
Verdaut
Nicht einmal mehr einer
Deiner unzähligen Stoßzähne
Eines Deiner ungezählten Hörner
Ist sichtbar

# Wüste II: Le Fin de la Partie

*prolog:*

Das Orchester ohne Dirigent
Der Chor ohne Vorsänger
Das Stück ohne Regisseur
Ich zeige Dir ein Geheimnis
Die Kapelle ohne Tambour Major
Die Horde ohne Leitwolf
Die Herde ohne Hüter
Ich folge Dir

*ende prolog*

Was zeigen die Bilder hinter Dir?

Dein Gesicht wirkt so unfertig

Ich sehe schwarze Flecken auf der Sonne

Oder ist es nur eine Maske?

Spuren in der Wüste
Ich fühle diese Spuren
Sie sind wie Blasen im Wasser
Auf meiner Haut

Dein Gesicht ist das Bild 顔
Das Bild ist eine Maske 絵画
Die Maske ist Dein Gesicht 仮面
Ausgedorrt von der roten Sonne
Sie entwirft keine Schatten
Sie spiegelt keine Pupillen

Was zeigt Dir der Fels?
Ausgedorrt vom rohen Wind
Du läufst und läufst
So eine Fratze eine Abnormalität

Hörst Du die Musik?
Sie spielt Deine Echos
Lauf ruhig
Ich kenne dieses Bild
Sie spielt Deinen Untergang

So folge ich Dir weiter
Kennst Du das Geheimnis? 秘密

Ich habe Dich gesehen
Und sehe Dich noch immer
Du bist Staub
Du bist der Staub
Zwischen meinen Fingern
So zerrinnt alles:
Dein Gesicht
Deine Maske
Deine Bilder

Die fremden Spuren gemischt
Führen zu unbekanntem Terrain
Es sind auch Hundespuren
„Ich mag keine Katzen

Bin ein Hundemensch"
Hast Du gesagt und
Dass es mein Bild ist
Das Dich stets begleitet
So wie ich Deiner Maske entspringe
Diesem Gesicht
Wie einst in Kashmir Urumqui
Alma-Ata Ulan-Baator

Ich weiß weshalb Dein Profil
So unfertig ist
Komm hervor unter
Dem Fels
Lass uns weiter laufen
Du weißt wohin
Du bist mein Orchester
Du bist mein Chor mein
Stück meine
Kapelle Horde Herde
Wir wissen den Grund
Wir kennen den Sand
Der nie ruht
Der sich stets bewegt
Den heißen Sand
Tot liegt er vor uns
Wie die Spuren
Wie die Blasen Spuren
Der blasigen Haut

Es ist April und
Er ist der grausamste Monat
„I will show you fear
In a handful of dust"
Hast Du mir vorgelesen
Mit Deinen perlenartigen Augen

Those are pearls that were his eyes
Nach diesem verheerenden Sturm
Aber Du bist weiblich
Du bist die Frau
Ich bin Dein Mädchen
Und ich folge Dir
Um Dir ein Geheimnis zu zeigen
„My hands are of your colour
But I shame to wear a heart so white"
Devenir gris
Die ganze Welt

Falten überall
Heute ist Freitag
Ein Tag so gut
Wie jeder andere

Was würdest Du auf eine Insel mitnehmen
Wenn Du abstürzen würdest
Verloren und unvorhergesehen
Sonnenbrillen Zigaretten
Mp3-Player Kondome
Kennst Du diese atavistische Angst?
Ist sie neu für Dich
Lähmend zerstörend verfolgend
Sei nicht so schreckhaft
Es ist nur eine Idee
Du kannst nie aufwachen
Sag mir:
Wie lebt sich's ohne Daheim
Du wohnst in der Wüste
Du bist der Staub
Meiner Asche
Das vergessen Verbrannte
Der Überreste
Meiner Momente

Meiner Wunder
Und doch wirst Du
Mein Geheimnis nie erfahren
Meine Wege nie verstehen
Seine Soli nie spielen können

Schwindel durchfährt uns

Glück kann man nicht kaufen

Hast Du getötet
Kennst Du dieses Gefühl?
Hast Du Dich selbst je getötet?
Was wollen wir uns sagen
Wir reden ständig
Aber immer über nichts
Zeig mir Morschheit
Hier in der Wüste
Du bist keine Drückerin
Hast Du noch Kraft
Gewalt
Ärger Frust Leid
Endloses Zwiegespräch
Über nichts
In der Liebeshütte
Nur Sex
Dort auf dem Weg
In der Maske
So fühlt sich suchen an
So fühlt sich
Deine Mumu an
Wenn sie auf meine trifft

Aber alles läuft zusammen
Lässt sich verknüpfen

Alles kann Kreis sein
Ohne Freunde
Schweiftest Du durch die Welt
Hieltest meine Funeral Oration
Bist noch immer mein Spiegel 鏡
Was ist Deine Antwort
„Deine Erscheinung ist
Meine Verkleidung"
Das ist meine Antwort und
Ich habe die Ewigkeit
Dein Fleisch zu erkunden
Denn Gesund ist hier nicht alles
Aber Tod bedeutet hier nichts

Warum erklimmst Du die Leiter nicht
Du stehst staunend vor ihr
Weißt aber genau
Was Du zu tun hast
Weshalb hat sie nie angerufen

Es gibt Telefon

Mir träumte ich wäre nackt
Wir fuhren in einem Taxi
Zu einem Bekleidungsgeschäft
Plötzlich befanden wir uns
In einem Raum und
Wurden gefoltert
Ich war ihre Königin
Wohin es mich auch je verschlug
Es war stets befremdlich heimatlich
Die Kaiserin der Folterer

Der Sand zerrinnt
In meinen Fingern

Wie eine Uhr
Ich verstehe es nicht
Plötzlich ein Skorpion サソリ
Auf Deiner Schulter
Ein schönes Tier
Weiß
Fast durchsichtig
Ich sehe sein Gift und 毒
Weiß
Dass es langsam tötet
So wie alles hier
Irgendwie riecht es nach Wald 森
Nervosität kommt auf
Ein Gefühl von gleichzeitigem
Heimweh Fernweh Zu Hause Sein
Und die Echos unserer Schritte
Auf dem Sand 砂
Unter der roten Sonne
Es ist grauer Knochensand
Rotes Unglück
Graues Sterben
Sie geht nie unter
Scheint ständig ins Gesicht
Treibt Schweiß
Auch uns vor sich her
Nirgendwo Schatten
Nur der halluzinierte Weg
Der Fata Morgana
Kein Wind 風
Nur ein Ziel
Jetzt sind wir hier
Sonst nirgends
Kommt Dir das bekannt
Oder vertraut vor
Jetzt ist der Skorpion
Auf meiner Schulter

Der Sand zwischen Deinen Fingern
Ich bin Dein Äonenspiegel
Es ist wie ein Standbild

„Einst stand ein Mann vor mir
Er beobachtete mich starr
Starren Blickes kalt
Rührte sich nicht und keinen Finger
Stumm wie Max Goldfisch
Schaute nur
Wie apathisch hypnotisiert
Als er plötzlich
Transparent wurde
Immer weniger
Und dünner
Wurden seine Farben
Immer welker seine Aura
Vertrocknet dürr stockgleich
Bis er ganz verschwand:
Aus einem Menschen
Wurde ein Schemen
Wurde ein Geist ein Spuk
Ein Nichts"
Kennst Du diese Geschichte?
Sie ist mir tatsächlich passiert

*Zwischenstück III:*

Slitter Glitter Mitter
Glitter Mitter Slitter
Mitter Slitter Glitter
Zu Tode gefickt
Wie Justine
Vom Dämon mit den tausend Schwänzen
Wie Maya

*Vorhang ex machina.*

Weg von der großen
Kälte im Gebirg
Von dem kalten Wasser
Von den eisigen Steinen
Die kahlen Bäche
Strömen durch die Luft
Die schwere volle Luft
Sie tut den Steinen gut
Wie den Einheimischen
Menschen
Wie das Wasser
Das sie bedeckt
Aber nirgends ist Erde
Nur gefrorene tote
Und ein verbotenes Instrument
Weg von der Kälte
Hin in die Wüste
Meine Elektrizität bleibt dieselbe
Mein Antrieb ist der gleiche
At first mit kalten Steinen
Avant mit erdenem Eis
Eventually mit starker schwerer Luft

In die Wüste
Weg von der Kälte
Jetzt bin ich hier
Sind wir beide hier
Zwei süße kleine Mädchen
Die Luft ist anders
Und ohne Schatten
So ist die Welt ohne Schatten
Ich zeige Dir eine Welt
Ohne Schatten
Kümmerte es Dich je

So tragen wir das Kleid der Nacktheit
Durch diese Wüste
Durch unser Leben
Gebrandmarkt
Mit buckliger Würde

… Monument der Apokalypse

Dein Sand ist in mir
Und ich
Träumte träumte träumte  TRÄUMTE
Vom Hund
Von Schulden
Von Hass Folter Mord 殺人
Von Freundinnen
Und deren Täuschungen
Auch wenn es nach Wald riecht
Ist es nicht so
Auch wenn die Sonne scheint  太陽
Ist es nicht so
Auch wenn Du Knochen siehst  骨
Ist es nicht so
Auch wenn Du Liebe hörst  愛

Ist es nicht so
Auch wenn wir sprechen
Ist es nicht so
Kann nie und nimmer so sein

Hast Du mich jetzt verstanden?
Hast Du das Geheimnis nun endlich verinnerlicht?
Ich werde mich nicht wiederholen
Nie wieder
Zu oft tat ich es früher
Und bereute es zutiefst
Ich möchte nichts mehr bereuen
Nie wieder

Vielleicht ist das das
Ende der reise das
Ende der Partie
Behalte dieses Bild
Für unglücklichere Augenblicke[8]
Diese Maske
Für traurigere Momente
Dieses Gesicht
Für einen dieser Tage
An denen man besser
Im Bett geblieben wäre und
Ich nehme alles zurück
Denn Du warst der Schmetterling
Und ich Deine Blume
Du mein Wasser
Ich Deine Luft

---

8 Sei die Zeugin eines Augenblicks. Mach die Photographie des Augenblicks.

Vieles schrieb das Mädchen
Ihre Chronologie des Scheiterns
Das Publikum lachte
Das Volk ihre Freunde
Ihre „Familie" lachen
Das Mädchen weint
Tränen der Enttäuschung und Bitterkeit
Die arschlöcher lachen weiter
Sich tot über sie
Es ist alles nur kein Schauspiel
Es ist die ernste Wahrheit
Alle lachen sich hoffentlich tot über sie
Nur die Wüste nicht
Sie weint ebenso
Und gebiert einen Regenbogen

Für das Mädchen
In der Wüste
Auf dem Berg
In ihrer wahren Gestalt
Wo sie über alles herrscht
Was sie sieht und
Was nicht
So ist leben
In der Wüste[9]
In der Einsamkeit
So fühlt sich das Geheimnis an
So ist es
Wenn man ausgelacht wird

---

9  Ich zeige Euch das Leben in der Wüste.

Die Spuren enden abrupt
Falls es sie je gab
Wir halten an
Nur zwei Meter zwischen uns
Falls wir uns je bewegten
Du starrst mich an
Starr Deine schwarz blutigen Augen
Fixierend Dein blinder Blick
Ein Meter zwischen uns
Und so geschieht es ein zweites Mal
In meinem Leben:

Deine Konturen verschwimmen
Zerfließen wie farbloses Wachs
Vor meinen Augen
Du wirst undeutlich
Immer weniger
Reglos
Ein Schemen
Devenir gris
Deine Falten glätten sich
Eine Transparenz erblüht
Und plötzlich bist Du
So dünn
Lautlos verschwunden
Hast mich verlassen

Ich stehe alleine
In der Wüste
Kein Schatten keine Schatten
In der Wüste
Vor der roten stinkenden Sonne
Im Knochensand
Keine Spuren weit und breit
Bilder Gesichter Masken

arschlöcher
Skelettwüste
Mein Gefängnis
Unbarmherzig kalt
Mein heißes verborgenes Grab
Alle Geheimnisse offen
Dieses nicht in den Highlands
Für immer geschlossen
Monument der Apokalypse
Le fin de la partie

# Teil 4

思い出写真館

*sterbend*

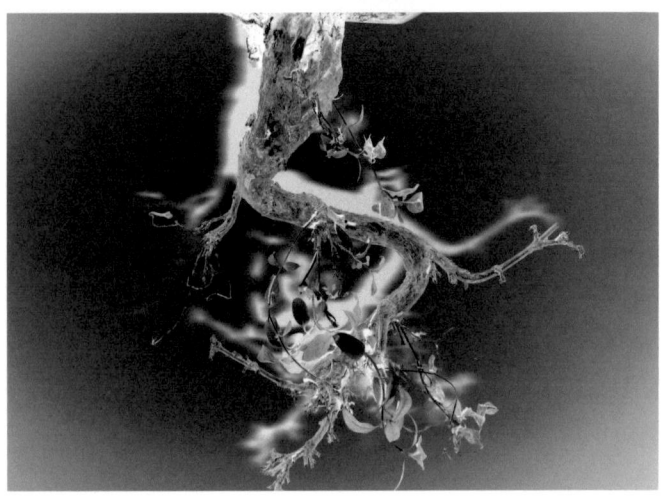

# Solaris 1-VI

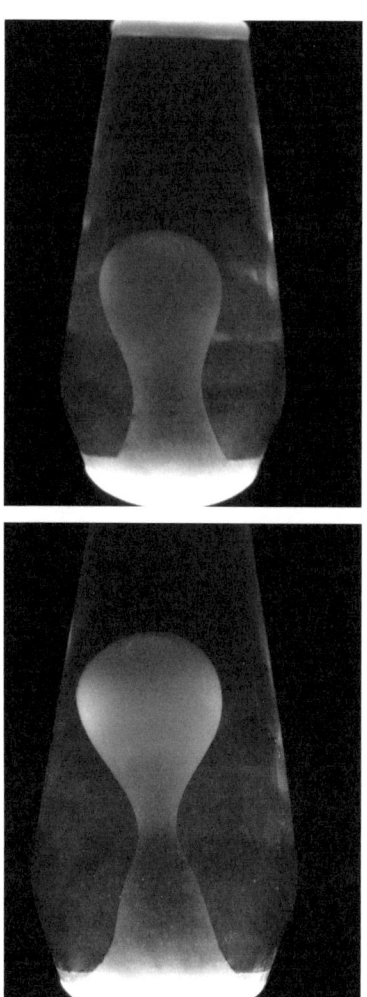

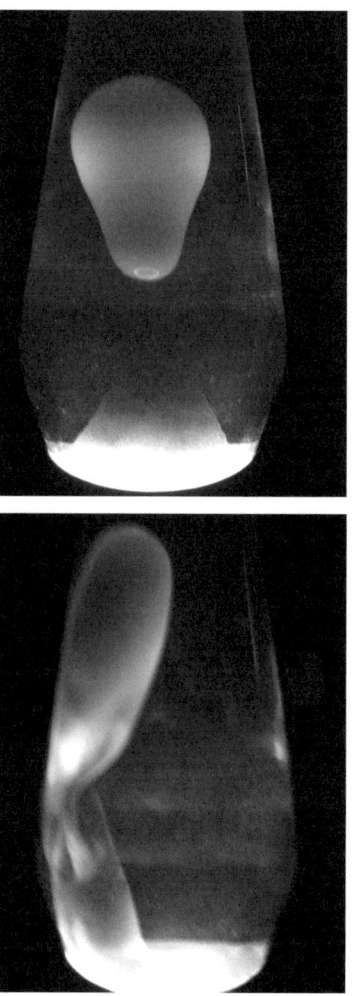

# *Stell dir vor*

Stell Dir Blau vor
Stell Dir lila Punkte vor
Denk Dir Totenköpfe dazu
Und Unglück
Dann hast Du die Eins
Durch die Brille
Das weiße Greisenhaar und
Alderamin im Sternbild Cepheus

Stell Dir Blut vor
Stell Dir Knochensplitter vor
Die darin schwimmen
Und kein Glück
Dann hast Du die Zwei
In der Phiole
Der Ballon
Voller Glas
Polophylax

Eine Kaltluftfront
Linksdrehend
Denke Dir einen Flug
Eine Kurbel auf der Decke
Es ist die Drei
Schmach des Südens
Aufgebohrte Sauna
Antinous

Stell Dir Grün vor
Denk an gelbe Blitze
Riechst Du das Ozon
Dann hast Du die Vier

Langer Flug und Finale
Arktur im Sternbild des Bärenhüters

# Deja Vu II

Ich sage meine Fantasie
Du sprichst über Theorie

Von Beginn an rückgratlos

Und es schmerzt

Ich bin der Quell Deiner Selbstzerstörung
Das ist Major Tom zur Bodenstation
Bin es ich um die Du schaust

Ich wünschte ich wäre spezial

Es muss nicht in einer Tragödie enden

Töten ist so ein freundliches Wort
Es scheint der einzige Weg hier heraus zu sein

Es isst die Angst es isst den Schmerz

Als Du ins Vakuum seiner Augen schaust

Der Mörder in mir
Ist der Mörder in Dir

Und meine Augen füllen sich mit Sand

Als ich durchkämme dieses wüste Land

Manchester England England

Der Adler flog heraus aus der Nacht
Zeig mir dass Du es liebst und wir zusammengehören

Es war wie ein Buch das er im Schlaf gelesen hat

Ich kaufte mir eine graue Gitarre

Ich träume von Regen

Als sich Schmutz in Sand verwandelt

Ich träume von Gärten im Wüstensand

Ballerina Du musst sie im Sand tanzen gesehen haben

Ich werde mein Bild malen

Lachend mit dem Mund des Ozeans
Und ich winke Dir mit den Armen des Berges

*tot*

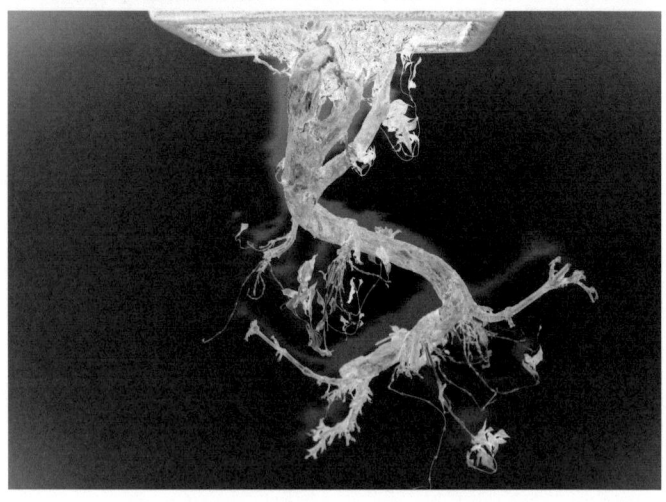

*Kopfgeburt*

# Teil 5

– Andenken an Graz –

私はグラーツが大嫌いですよ。

## III

mein erster Tag alleine in Graz auf der Uni ich bin ziemlich nervös Anfang Oktober schon recht frisch hier herunten aber nicht so frisch wie bei uns oben nach erstem bescheidenem Schneefall und Spaziergang gestern nahm ich ein heißes Bad am Abend im kleinen Bad der süßen Wohnung in der ich noch nicht lange wohne gemeinsam mit meiner Lebensgefährtin es ist eine Eigentumswohnung und hat genau die richtige Größe für zwei Frauen aber nicht für mehr keinesfalls für mehr aber auch nicht für weniger wie ich Monate später erfahren durfte sozusagen am eigenen Leib erfahren durfte keinesfalls für weniger für eine Frau alleine ist sie zu groß die Loggia blickt gen Westen es ist die Loggia der untergehenden Sonne ein Traum im Sommer mit den Blumen und vielleicht einem Glas Wein am Tischchen die Tour im Fernseher am Schoß T. S. Elliot da war der Sommer noch in Ordnung

der Bus ist überheizt der Zug ebenso alles wie immer eben sollte ich später wissen ich fahre nervös und voller Vorfreude zu einem Proseminar einem Proseminar aus dem Fach Neuere Deutsche Literatur bin schon gespannt auf diesen jungen Professor der Inhalt soll recht gut sein und die Klausur recht leicht außerdem ist es sowieso eine Pflichtveranstaltung also unvermeidbar ich befürchte aber dass mich Proseminare aufgrund ihrer Struktur ungeheuer nerven werden mit den Scheiß Hausübungen der Scheiß Mitarbeit den Scheiß

Vorstellungsrunden und alle Klausuren sind zumeist in einer einzigen Woche zusammengepfercht man hat nur eine Chance und darf sonst das ganze Semester wiederholen wer sich diesen Fickfuck ausgedacht hat muss ein Vollidiot sein dem man ein Häufchen ins Hirn gemacht hat aber so ist es eben man muss diesen ganzen Unfug akzeptieren mitmachen und gute Mine zum bösen blöden Spiel machen es gibt nicht den Hauch einer Andeutung einer Chance alleine etwas ändern zu können auch 1000 wären zu wenig

tja Graz unsere tolle Kulturhauptstadt und selbst ernannte Stadt der Menschenrechte die eigentlich nur die sehr geheime Feinstaubhauptstadt Österreichs ist und ich wohne in der ultimativen Handelsstadt Bruck der selbst ernannten Kulturhauptstadt des Bezirks Bruck Mur obwohl diesbezüglich die Dauerrivalität zu Kapfenberg schon sehr groß und unerträglich ist und in Wahrheit können sich die beiden Städte nur darum streiten welche von ihnen die hässlichere ist jeden Tag hinunter zu Fuß und im Zug und im Bus und im Bus und im Zug und zu Fuß retour jeden Tag ach wie lustig spaßig humorig das ist das sind ja gute Aussichten Zug Bus Bus Zug jeden bloody damned day aber man kann die Zeit ja nutzen wie mir jeder versichert hat nur glaube ich die Botschaft nicht so recht aber egal da muss man halt durch hab ich oft gehört und vorgekotzt bekommen und vielleicht glaub ichs ja selbst schon irgendwie diesen Kuhdung

die paar Kommilitoninnen und Kommilitonen die ich kenne wohnen überwiegend in Graz und teils in widrigsten Verhältnissen in diesen teils Ekel erregenden Grazer Altbauwohnungen in denen es teils ständig stinkt nach allen möglichen und unmöglichen Abfällen Essen Tieren und laut ist bevor ich in so eine übertuerte aber letztklassige Wohnung ziehe vielleicht auch noch mit fragwürdigen zwielichtigen wildfremden Menschen bzw Gestalten auf engstem Raum zusammengepresst wie eine leckere Blutwurst erschieß ich mich höchstpersönlich oder werf mich vor einen dieser deprimierenden Pendlerzüge in denen auch ich selbst andauernd vor mich und mir hinschmore wie so viele andere auch ich höre Musik im Zug und oder lese höre lese höre lese der Zug rollt ich will ihn nicht hören

ich bevorzuge mittlerweile den Regionalzug da habe ich meine Ruhe kann in Ruhe hören und lesen die Intercity sind überfüllt schwül stickig fast alle anderen Reisenden nehmen den ICE wahrscheinlich wie man schlussfolgern kann aufgrund von Zeitdruck und Mangels an Zeit und hunderttausenden wichtigen und wichtigsten Geschäfts und oder normalen Terminen denn jeder ist wichtiger als der andere und sowieso sind alle am wichtigsten nur ich nehme nicht den ICE oder nur selten denn mir ist die Zeit egal ich habe keinen Zeitdruck keinen Mangel an Zeit keinen Termindruck bin unwichtig ich Ärmste ich lasse so etwas nicht an mich heran und ich bin nicht wichtiger als ich eventuell tatsächlich bin das ist mir schnurzegal ich fuhr ohnehin nur im ersten Semester täglich hinunter jetzt nur noch drei Mal pro Woche den Professor vom ersten Semester hatte ich auch im zweiten belegt er war der netteste Professor meines mies strukturierten bzw gegliederten Hauptstudiums und sollte das auch bleiben mittlerweile spüre ich dass ich diese nervige Geschichte dieses nervige Studium nicht zu einem akademisch abschließenden Ende bringen werde anfangs war ich doch irgendwie zuversichtlich motiviert optimistisch mochte es war sogar ehrgeizig bemühte mich und überraschte damit mich selbst teilweise teilweise machte es sogar Spaß manchmal blieb ich noch eine Weile in Graz traf mich mit Freundinnen oder mit Menschen die ich eine Zeit lang dafür hielt manche länger manche kürzer wir gingen auf ein Glas Sekt oder zwei oder auf ein Gläschen Wein oder zwei aber vieles davon aber nicht alles ging bald verloren unwiderruflich schon sehr bald zu bald vielleicht sodass auch diese Momente und Abende mich nicht mehr in diese Stadt zogen sodass mich schlussendlich immer weniger und weniger in diese Stadt zog

so ging es weiter immer weniger und weniger bis es eine Qual wurde es fast nicht mehr ging und nicht viel später gar nicht mehr gehen sollte

# IV

mein letzter Tag auf der Uni in Graz der Grazer Uni in letzter Zeit war ich nicht oft unten es ging mir nicht mehr wirklich gut weder physisch noch psychisch ich kann und mag auch nicht mehr es widert mich an alles widert mich an Graz widert mich an und die Uni und viele Studentinnen und Studenten und viele Professoren es tut mir nicht gut diese Stadt diese Uni diese Menschen tun mir allesamt nicht gut und nicht mehr gut das alles nicht es widert mich an ich bin froh wenn es vorbei ist wenn ich daheim bin und dort bleiben kann wenn ich nichts mehr sehe und höre von diesem ganzen Scheiß dieses ewige verfluchte Pendeln Lernen Verschulte ohne Freiraum meine Flüche nicht nur meine

jetzt sitze ich hier wahrscheinlich das letzte Mal in der Vorklinik blöd herum und verschwende Lebenszeit in einer oder zwei oder drei Freistunden links wie rechts rauchen alle trotz des Rauchverbots diese ach so toleranten umsichtigen tollen Studis und trotz des angeblichen schon beinahe sprichwörtlichen chronischen

Mangels an Geld der meisten typischen Studierenden lernen lesen lesen lernen so wie ich es hier auch oft tat später hörte ich nur noch Musik hier ich musste so den ganzen Quatsch der Umgebung nicht und nicht mehr hören nicht länger das ganze Geblabbere und Gequassel und Gefasel Herumlabern und Lamentieren nie mehr hören und nie mehr mit anhören nie wieder und sie gab mir die Kraft durchzuhalten aber nicht nur sie alleine wie ich hervorstreichen muss ich sehe viele viele Kinder reicher Eltern die sich auch wie solche benehmen und sich als solche hervorstreichen ich sehe Zicken die sich wie kleine Mädchen benehmen die sie auch sind und vielleicht bin auch ich selbst eines von diesen kleinen Mädchen ich sehe gestylte Typen die volley von einer der unzähligen täglichen Parties kommend ihre Lehrveranstaltungen besuchen oder diese nicht wirklich sondern nur ihre Kommilitonen bzw Freunde und auch dementsprechend pipifein riechen ich sehe unzählige Flyer herumliegen und wirbeln auf der ganzen Uni bis in die Damentoiletten hinein einzig und allein als Dreck auf dem Boden verbleibend als Beschäftigungstherapie oder Arbeitsbeschaffungsmaßnahme aber in erster Linie als Dreck und ich sehe einen Megaphonverkäufer es ist immer der selbe ich stehe auf und gehe ich ertrage es nicht länger es sind immer die selben Oberflächlichkeiten wie Menschen und letztere rauchen alle drinnen obwohl es draußen schön und schöner ist

die Universität kam und kommt mir immer vor wie eine Scheinwelt mit Scheinproblemen die nicht zuletzt in den unzähligen studentisch universitären Gratisblättern bis zum Exzess immer wieder und wieder breit gedroschen und wiedergekäut werden ich fühlte mich dort nie wirklich wohl oder heimisch sondern keines von beidem wenn ich durch die Türen ging war es wie ein Eintritt in eine andere Welt die ich nicht ernst nehmen konnte denn viele dieser Scheinprobleme haben mit dem echten Leben überhaupt nichts zu tun und viele Studenten haben von dem wirklichen Leben nicht den Hauch eines Gedankens einer Idee sie leben in ihrer eigenen Realität glücklich und naiv zumindest wenn sie von zu Hause finanziert werden diejenigen aber die ihr eigenes Geld verdienen müssen haben die Arschkarte gezogen und wissen wie es im echten Leben außerhalb von Parties Drogen Völlereien Hurereien zugeht sie kennen den harten Alltag und müssen sich durchkämpfen sie ergrauen schneller und sind froh wenn sie fertig sind ganz im Gegensatz zu den auf die so genannte Butterseite gefallenen die so lange als möglich auf der Uni bleiben wollen im Endeffekt sind genau sie es die diese Schar an vielen lustigen und lächerlichen und lebensunfähigen Akademiker Idioten bilden deren Zahl Legion ist über die nicht nur jeder Stammtisch zurecht lacht und sich lustig macht

ich gehe in den HS 01.15 zu meiner letzten Vorlesung ein freies Wahlfach aus Philosophie das ich nie beenden werde wie ich jetzt schon weiß aber diese VO ist interessant und der Professor ist einer der wenigen wirklich klugen und einer der wenigen der erreichbar ist und auch auf E-Mails antwortet und damit einer der wenigen ist der meinen Respekt genießt in meinem zutiefst fragwürdigen Hauptstudium gibt es keine Vorlesungen nur Seminare Proseminare und ähnliches dubioses suspektes obskures Zeugs dann ist auch das vorbei ich verlasse den HS die ganze Vorklinik vielleicht ein letztes Mal es war nicht das letzte Mal und gehe zur Busstation warte auf den Bus der nie pünktlich ist immer zu spät oder einzigartigerweise auch oft zu früh es ist April ich mag diesen Monat und es regnet natürlich das ist mir aber egal ich habe seit Jahren keinen Schirm mehr benutzt was gelogen ist diese schikanöse Ausgeburt der Hölle und werde es auch nie nicht mehr ebenfalls gelogen ich halte nichts von Schirmen sie schränken ein machen im Trockenen nass und zuguterletzt merkt man dass man ihn irgendwo vergessen hat

 keine Wehmut tritt auf die wird erst später kommen und nur ganz leicht ich kann mich noch an meinen ersten Tag erinnern so alleine wie ich angetreten bin trete ich jetzt ab wie immer halt immer alleine alles alleine immer alleine natürlich gab es auch schöne Momente z. B. in der Vorweihnachtszeit die Weihnachtsfeiern bei den Glühweinstandln hatten wir viel Spaß doch ich spürte früh dass diese Chose dieser Unizirkus mit den vielen vielen Selbstdarstellern und Pseudointellektuellen und Klugschwätzern die es natürlich und zweifellos auch anderswo zu genüge gibt etwa als Angestellte bei diversen Medien nichts für mich ist und auch niemals war

 im Zug ist es wie immer sehr laut der Regionalzug nach Bruck ist an den Nachmittagen und Abenden meistens der sehr laute unruhige unrunde Schülerzug oh Gott ich kann es gar nicht zählen wie oft ich in diesen Jahren bedüdelt in diesem schrecklichen rollenden Ungetüm mitgereist bin ich wollte fast nie auf den überfüllten schwülen stickigen ICE im überfüllten schwülen stickigen Graz eine halbe Stunde warten Menschen telefonieren mit Menschen denen sie in wenigen Minuten persönlich gegenüber stehen wie kann das alles sein wie blöd und verblödet sind mittlerweile alle schon wie fad kann Menschen sein wie kann das alles sein

 45 Minuten später steige ich in Bruck aus dieses Mal holt mich keine mehr ab

*Fin*

EINER ZWEIER DREIER und VIERER verabschieden sich in eine schwarzschild singularität sterben aber nicht da sie noch nicht bereit sind für diesen schritt denn sie haben noch keine eigene wolstenholme primzahl gefunden und auch überhaupt keine wall sun sun und auch keine weitere wieferich

b und h erblinden und werden taubstumm das stört sie aber nicht bzw scheint ihnen wurst zu sein sie werden kastriert sowohl zwischen ihren füßen als auch in ihren mündern alle waffen abgeschnitten

A B C und D sind weiterhin in ihrer realität festgefahren mögen sie dort auch hinkünftig viel spaß haben bis zu ihrem auftauchen in der hiesigen

# *Epilogue* printemps et été 2008

dediée a une trés fictive personne et sa famille speciale

Der Himmel blüht Figuren

Kein Zwitschern
Nur Beziehungslügen
Falsche Versprechen
Falsche Hoffnungen
Verrat und riesen arschlöcher
Dafür sehr kurzes Glück verloren
Unnötiges Glück
Einsamkeit doch
Viel mehr Positives gewonnen

Stummvolle Trauer
Ein Loch
Ein kleiner Verlust
Im Nachhinein
Wo man zuvor keinen sah
Jedoch ein großer Gewinn
Durch Verlust
Später
Den man sehr braucht
Hier und heute
Eine Befreiung

Teils dumme
Altmodische Traditionen
Heiße Tränen

Der Trauer und Wut
Besessener Choleriker

Tägliche Schwärze doch
Der Himmel blüht unbeirrt weiter

Er spürt die Bedeutungslosigkeit des Einzelnen

Dann erneutes Erblinden
Verlorene Tage
So viele
Vorher und nachher
So viel teils
Verschissenste Zeit
Wie viel ist es wert
Welchen Wert hat es
Wie lange soll man kämpfen
Bis man sich zum Trottel macht

Oft ist es besser
Wenn sich Menschen
Nie und niemals treffen
Sich nie kennenlernen
Äffchen Püppchen Marionette Bubikopf
Eiskalte egoistische Menschen berechnend
Gehen für ihre
Ziele über Leichen
Besessene Menschen
Nur ein Thema
So krank krank grausam
Es entsteht nur Leid
Aber aus Leid oft Gutes

Wieder Kälte
Im löchernen Grau
Die Zeit vergeht zu schnell

Vergessen im vorigen Jahr
Verloren vor einem Jahr
Tage ziehen vorbei wie Minuten
Wie Menschen
Wie falsche Freunde
Wie arschlöcher
Die Welt dreht sich so schnell

Es ist so leer
So durchzogen trüb durchwachsen
Rauch über letzten Kerzen
Schall und Rauch
Ein Luftzug
Vom Balkon
Von diesem Draußen
Dieser nie gekannten
Verlorenen Welt

Farbloser kurzer Tag
Ein Nichts
Unbemerkt vergangen
Winke
Schreit er ein letztes Mal
Dann TOT

Gerafftes Leid
Leid im Zeitraffer

Eine schwarze Kerze
STERBEND zerrinnend
Wie Wachs
Wie Glücklichkeit
Wie dieser Tag der Angst
Wie Liebe wenn
Es überhaupt je Liebe war

Was wiegt sie
Wo ist das Gewicht
So viel Verlust
Und doch mehr Gewinn
Viele Erfahrungen
Gute wie schlechte
Was ist ihr Gewicht
Ein gestorbener Morgen
Jetzt Friede
Jetzt Friede
Was wiegt Angst
Wie viel ist ihr Wert
Lastet wie ein Fluch
Wie schwer

# Künstlerverzeichnis und Nachtrag

U. a. habe ich mir von folgenden Künstlerkollegen nicht immer als solche gekennzeichnete Zitate ausgeborgt:

W. Shakespeare, T.S. Elliot, F. O'Brien, J.L. Borges, S. Beckett, J. Joyce, R. Musil, J. Marias, H. Ellison, J. Heller, A. Dante, M. De Sade, Pink Floyd, Lionel Richie, Peter Gabriel, Walther von der Vogelweide, Visage.

In meinem ersten Buch „Photographie des Augenblicks" befinden sich u. a. auch Texte, die aus meiner Jugend stammen, die Gott sei Dank noch nicht sehr weit entfernt ist, immer noch greifbar ist. Das Grundfundament zu „Der Zeuge eines Augenblicks" etwa schrieb ich ca. im Alter von 16 oder 17 Jahren. So gesehen habe ich um die neun Jahre herum an meinem ersten Buch gewerkelt. Im Endeffekt stammen die meisten Texte aber aus meinem 25. und 26. Lebensjahr (2005 und 2006) bzw. die wesentlichen – z.T. recht fundamentalen – Überarbeitungen der älteren Texte. Die Zusammenführung aller Texte sowie die Überarbeitungen der Buchversionen haben dann insgesamt nicht viel länger als drei oder vier Monate gedauert. Dies geschah im Wesentlichen im Sommer 2006. Ein guter Sommer voller WM (obwohl ich Fußball nicht wirklich mag), Tour (fast nur noch Doping-Scheiße) und Bachmann-Preis (Obacht! – nicht überbewerten), wie jedes Jahr.

In diesem meinem zweiten Buch stecken andere Aspekte meines Lebens wie zB Adrian M., den ich das erste Mal mit 12 Jahren kennengelernt habe, viel zu jung. Die Texte zu „Wüste" habe ich 2006, 2007 und 2008 geschrieben. Die Überarbeitungen und Finalisierung geschahen überwiegend im Sommer 2008. Die erste Zusammenführung aller Texte zu diesem Buch geschah jedoch schon 2007, sogar noch vor dem Erscheinen meines ersten Buches.

# Die Autorin

Nathalie Verena Rauscher kam tatsächlich 1982 in Mondsee zur Welt. Sie studierte Katholische Fachtheologie in Salzburg. Zurzeit lebt sie mit ihrem Mann Brian und den Kindern Anna Livia und Finn in der nordwestlichen Pannonischen Tiefebene, schilfig und sehr schwül im Sommer, als Schafhirtin. Dort steht eine Windmühle wie ein Baum im Sturm mit einem Loch in der Mauer.

**novum** EIN HERZ FÜR AUTOREN

# Der Verlag

Der im österreichischen Neckenmarkt beheimatete, einzigartige und mehrfach prämierte Verlag konzentriert sich speziell auf die Gruppe der Erstautoren.
Die Bücher bilden ein breites Spektrum der aktuellen Literaturszene ab und werden in den Ländern Deutschland, Österreich, Schweiz und Ungarn publiziert.
Das Verlagsprogramm steht für aktuelle Entwicklungen am Buchmarkt und spricht breite Leserschichten an.
Jedes Buch und jeder Autor werden herzlich von den Verlagsmitarbeitern betreut und entwickelt.
Mit der Reihe „Schüler gestalten selbst ihr Buch" betreibt der Verlag eine erfolgreiche Lese- und Schreibförderung.

**Manuskripte herzlich willkommen!**

novum publishing gmbh
Rathausgasse 73 · A-7311 Neckenmarkt
Tel: +43 (0)2610 43111 · Fax: +43 (0)2610 43111 28
Internet: office@novumpro.com · www.novumpro.com

AUSTRIA · GERMANY · SWITZERLAND · HUNGARY

Nathalie Verena Rauscher

# Photographie des Augenblicks

ISBN 978-3-85022-027-9
142 Seiten
Euro (A) 15,90
Euro (D) 15,50
SFr 28,50

Die Augen sind die Spiegel unserer Seele und unserer Gedanken. Ihre Texte versteht die Autorin selbst als Fotografien, kleine Momentaufnahmen wertvoller Augenblicke, die sie in Worte umsetzt. Wie eine Fotografin richtet sie mit ihrer Kamera im Geiste ihren Fokus genau auf das Wesentliche und setzt somit Bilder in Sprache um. Jede Einstellung eröffnet dem Leser einen neuen Blick auf ein Ereignis ...